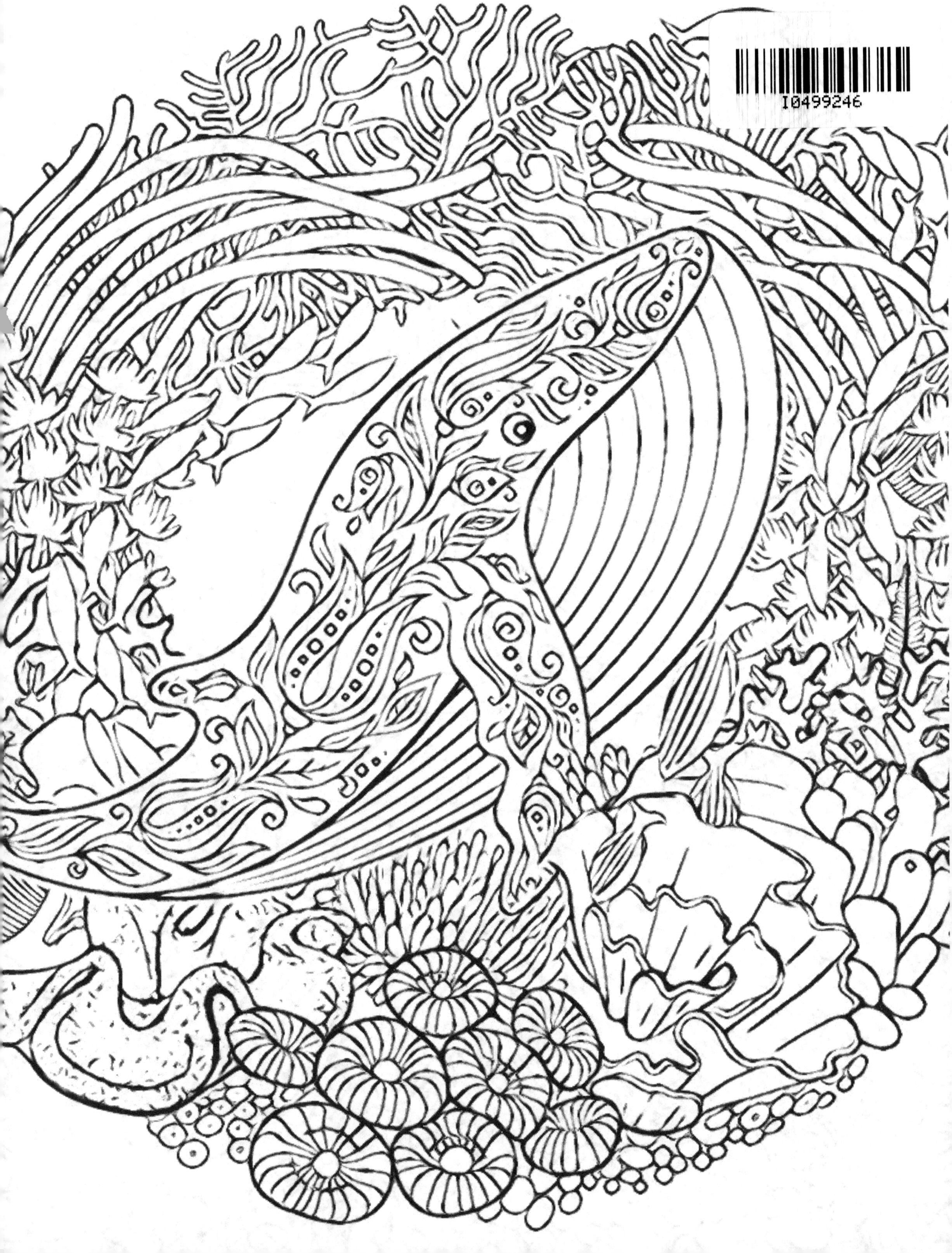

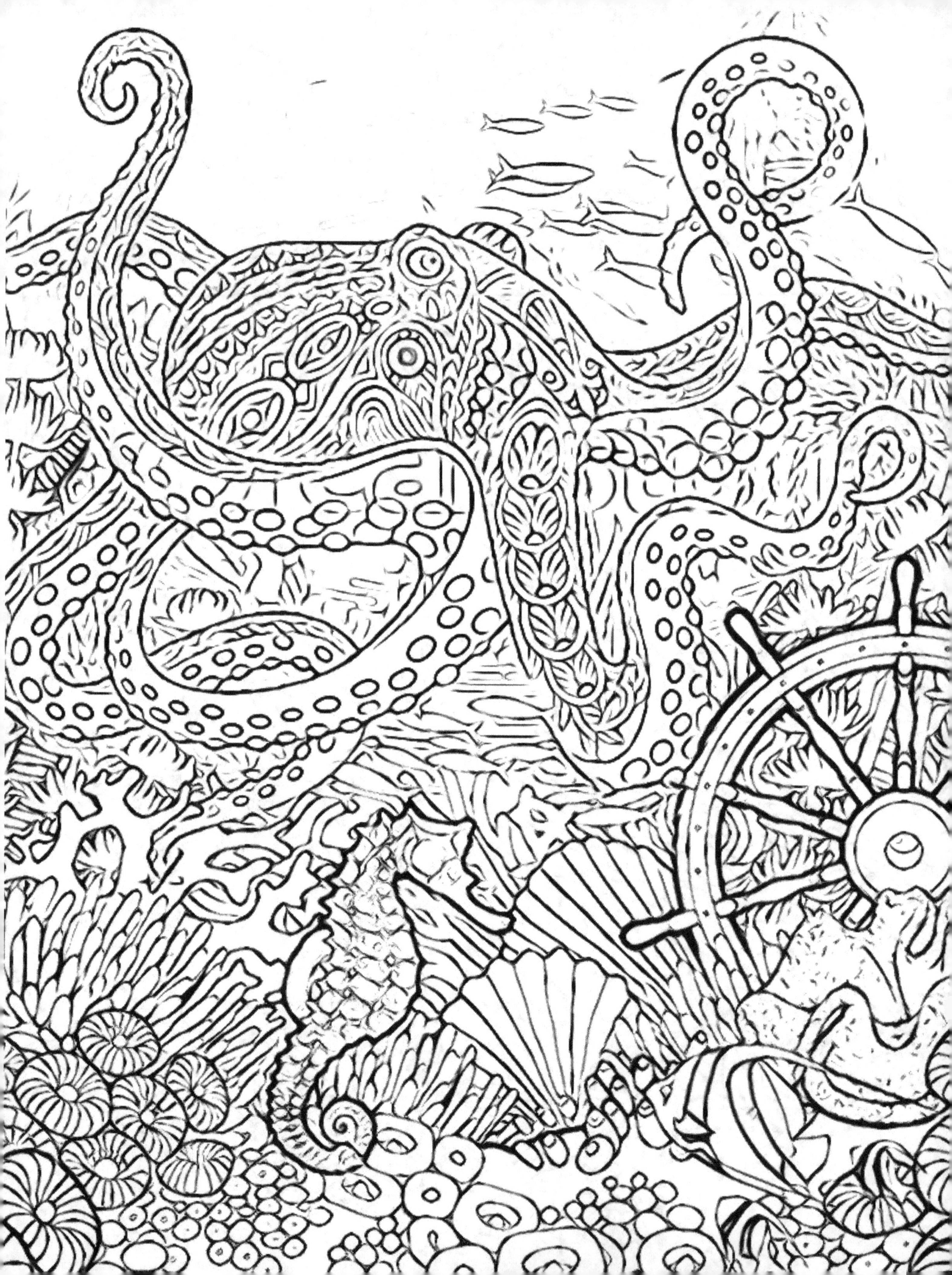

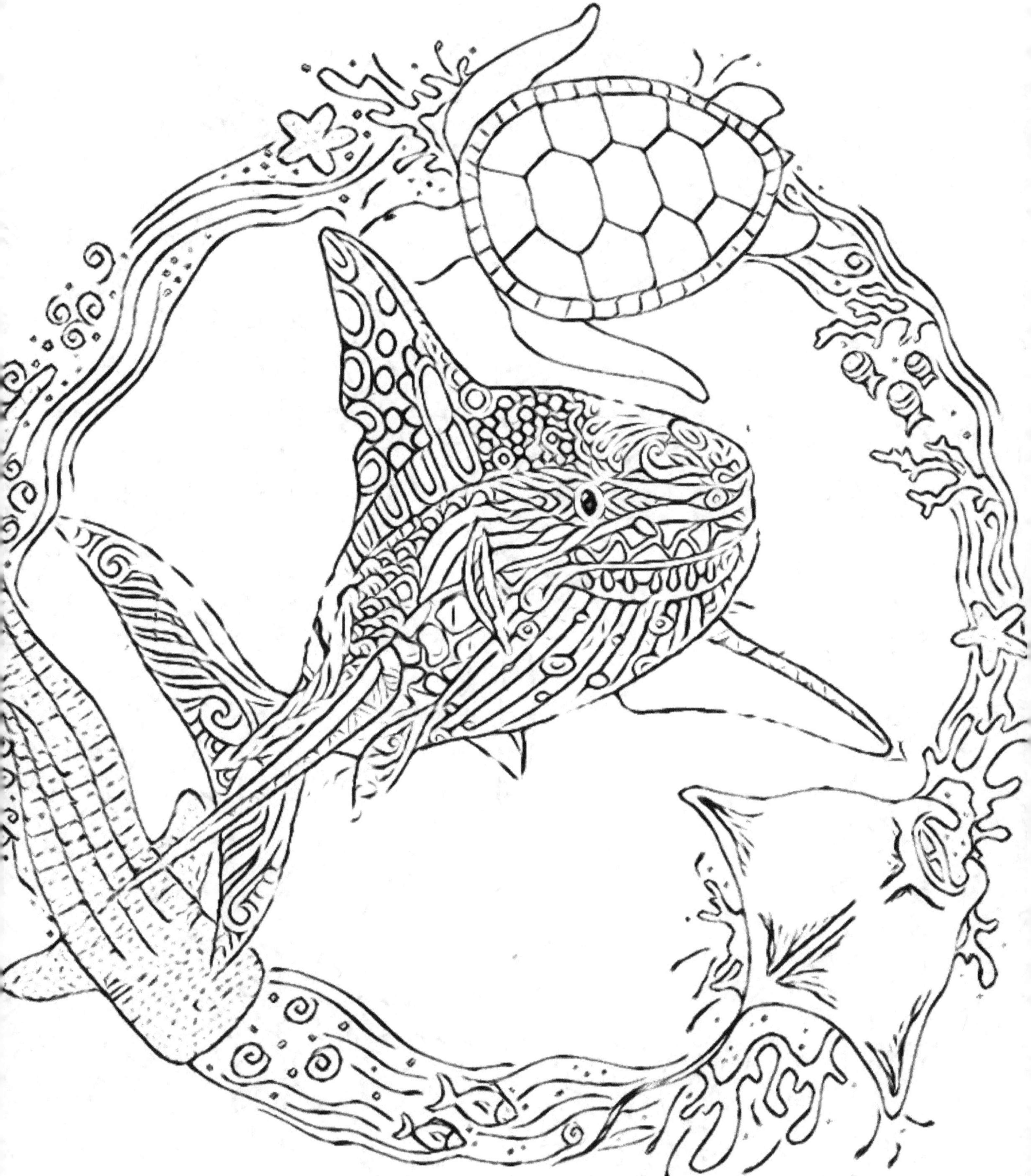

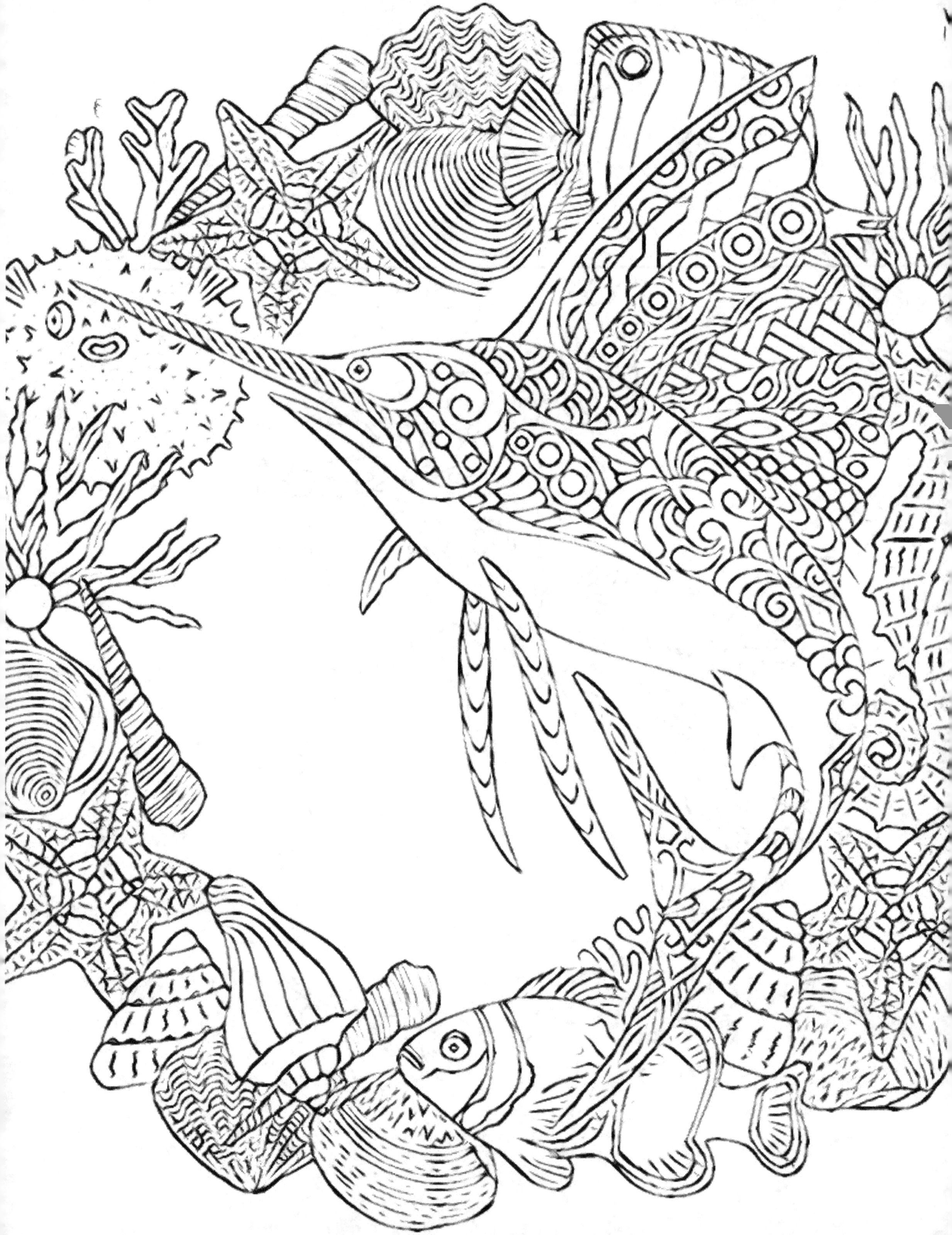

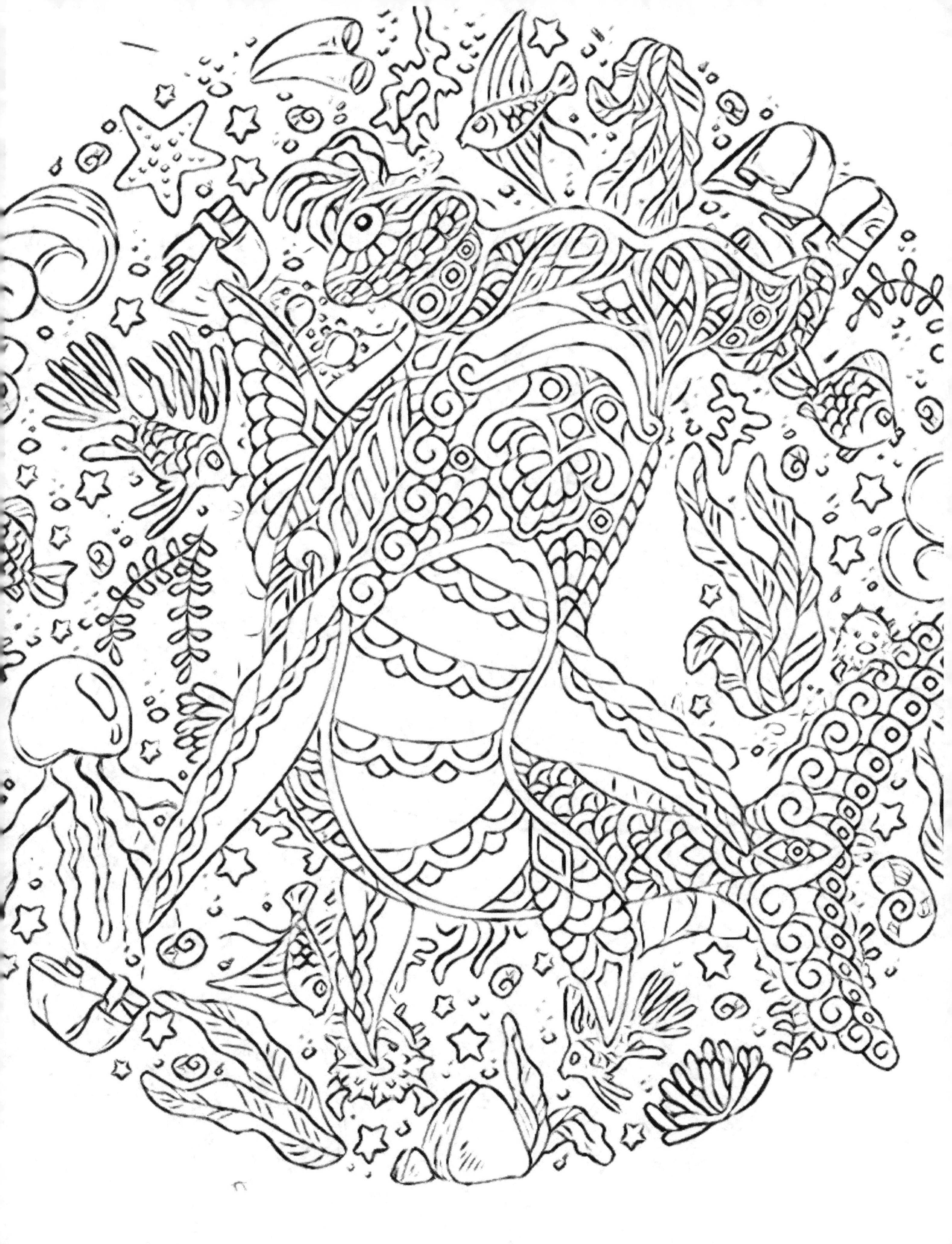

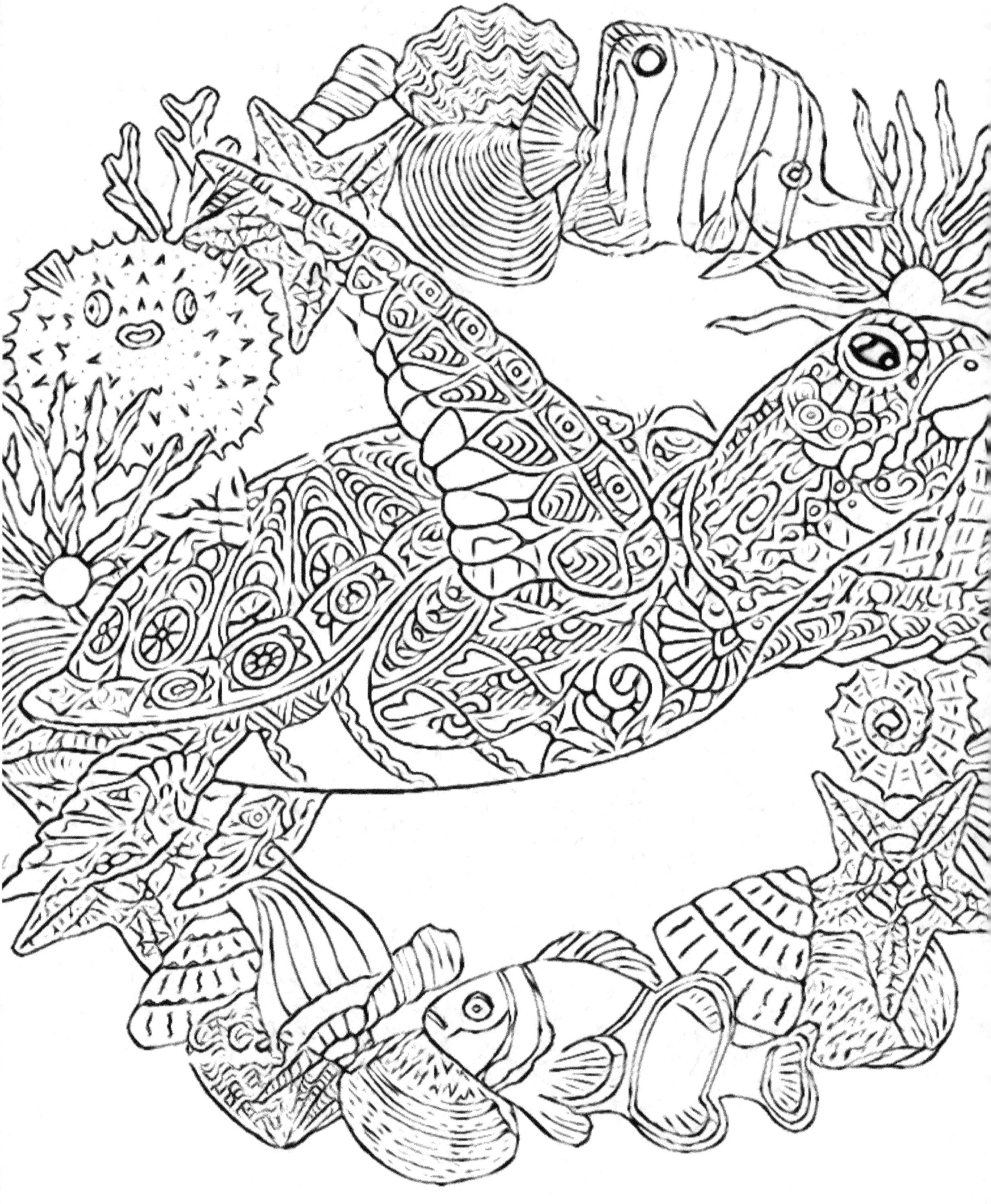

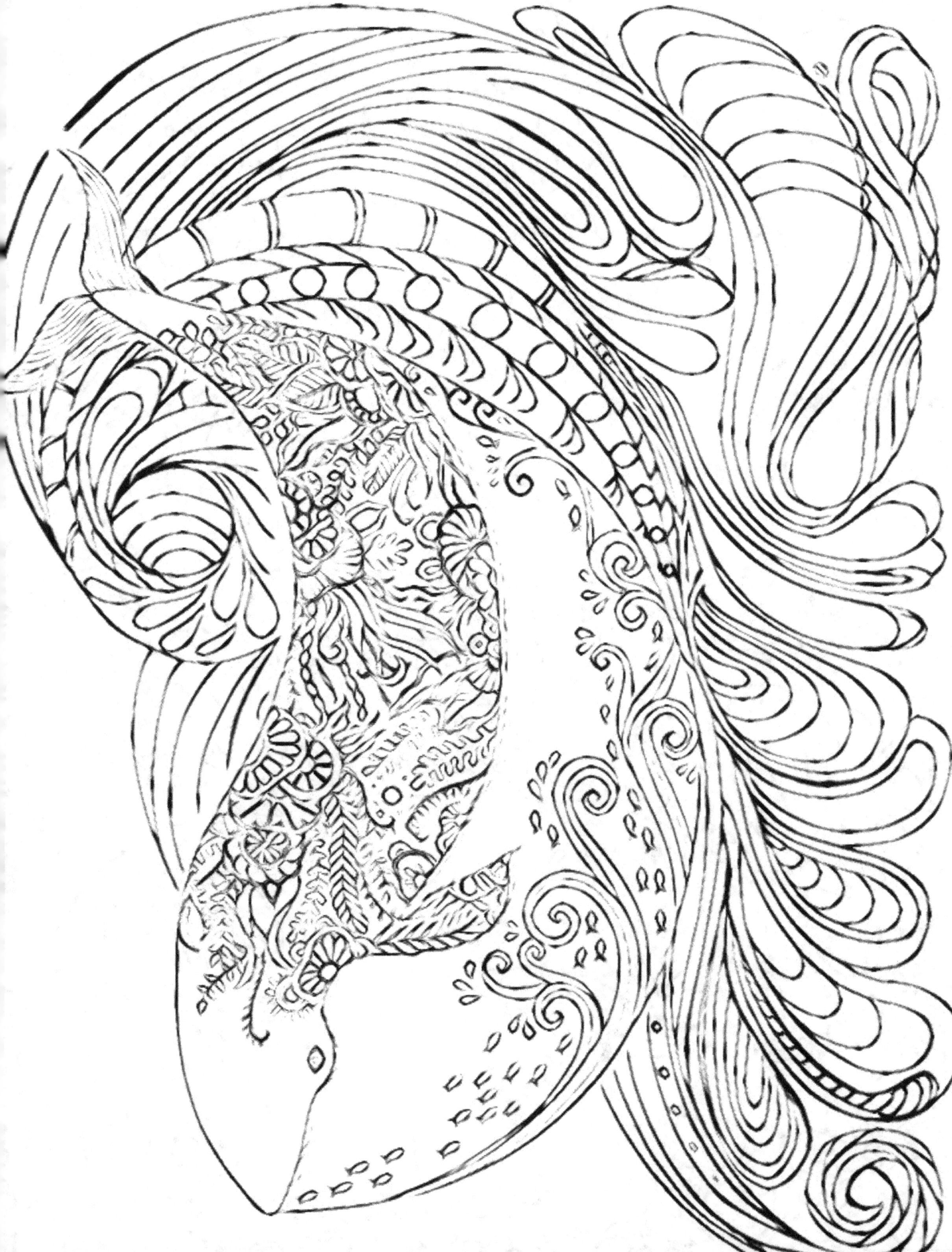

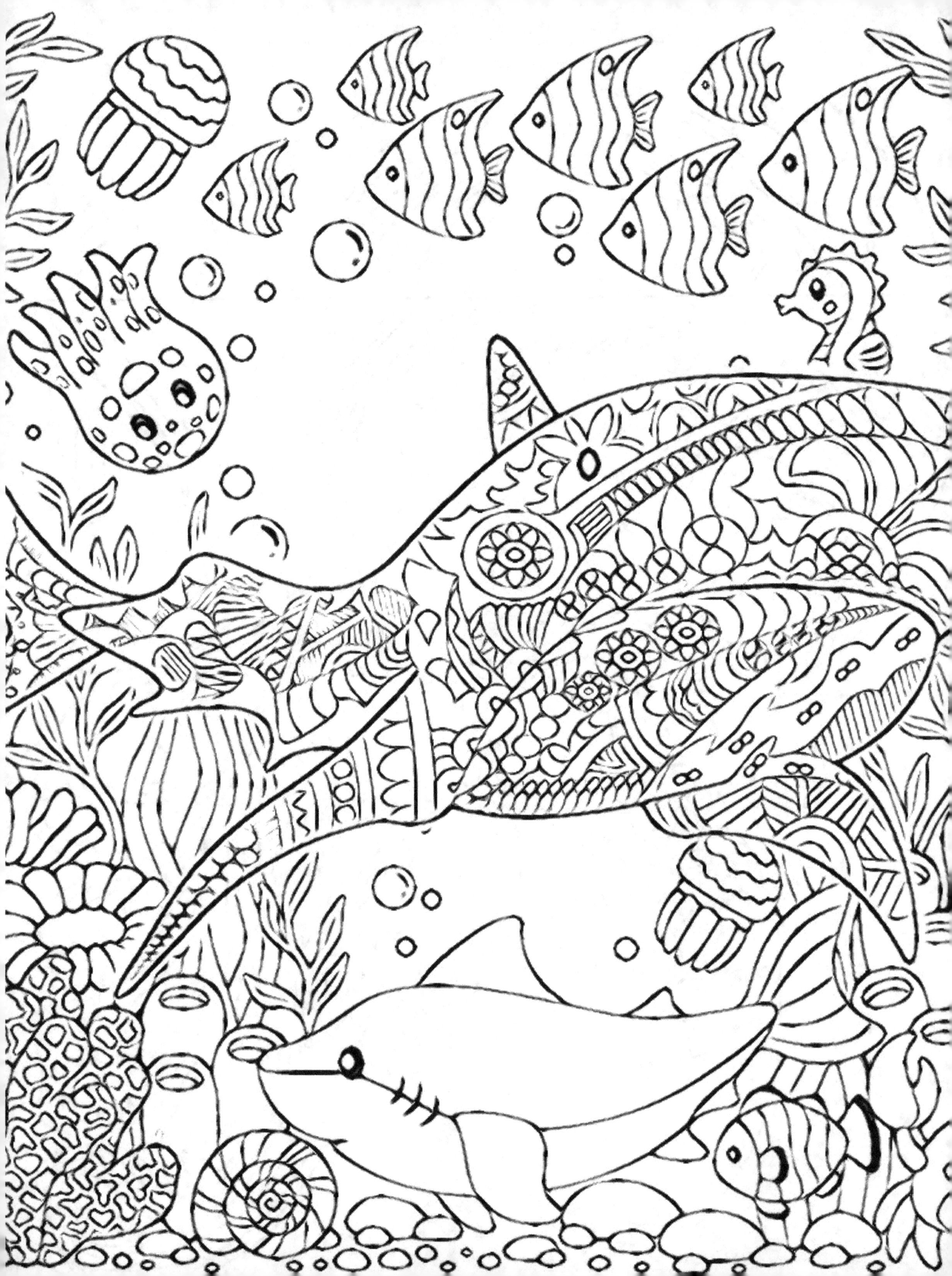

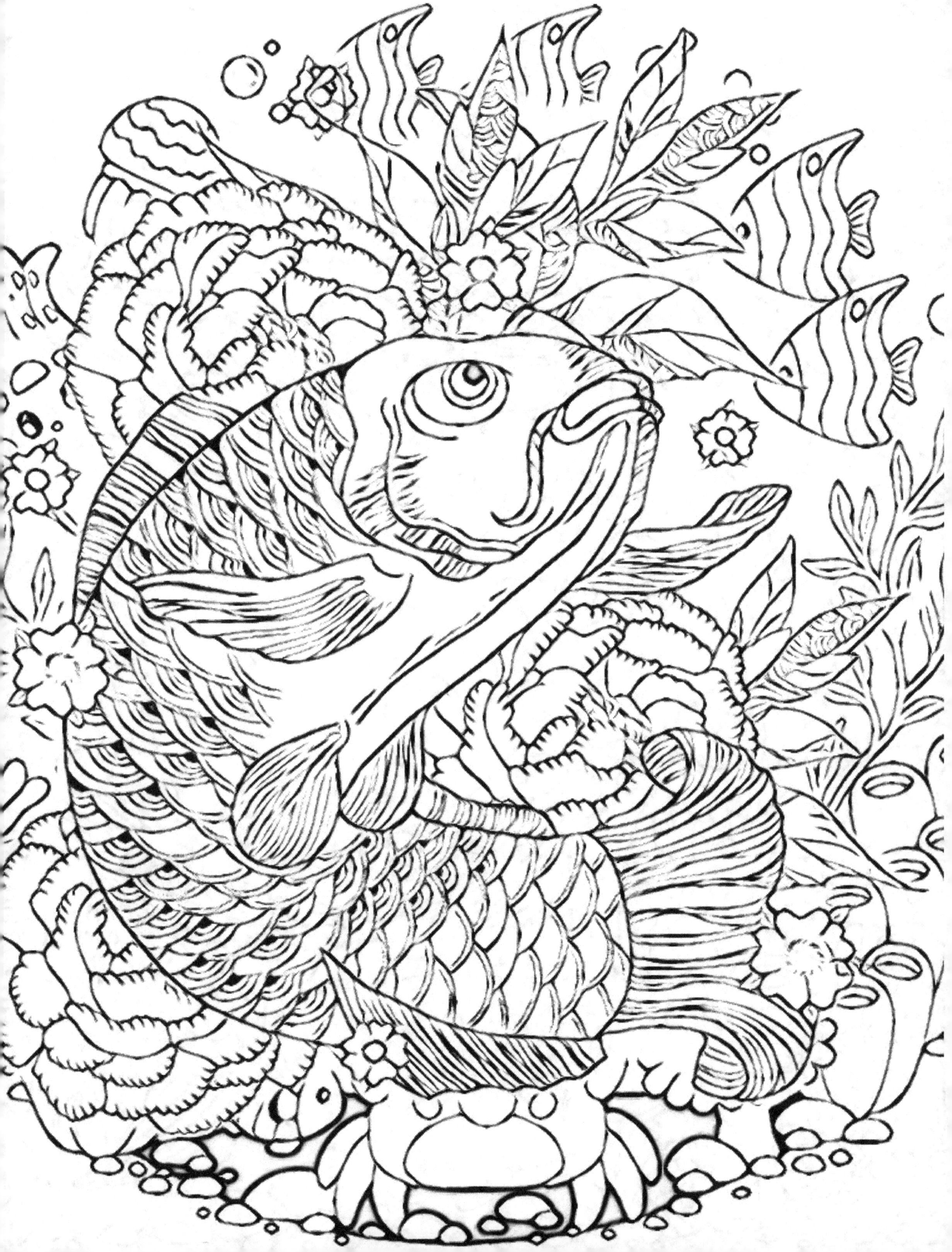

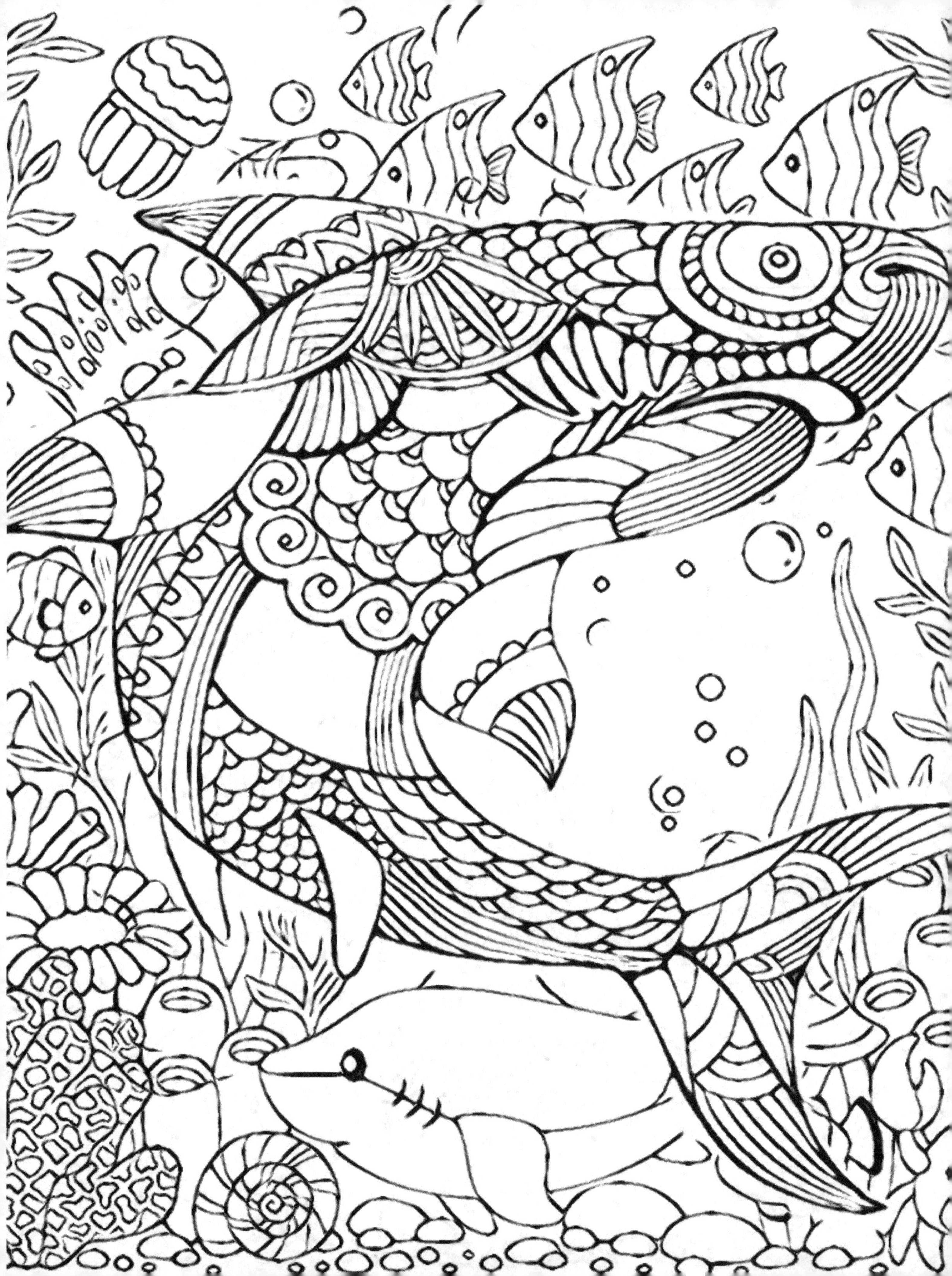

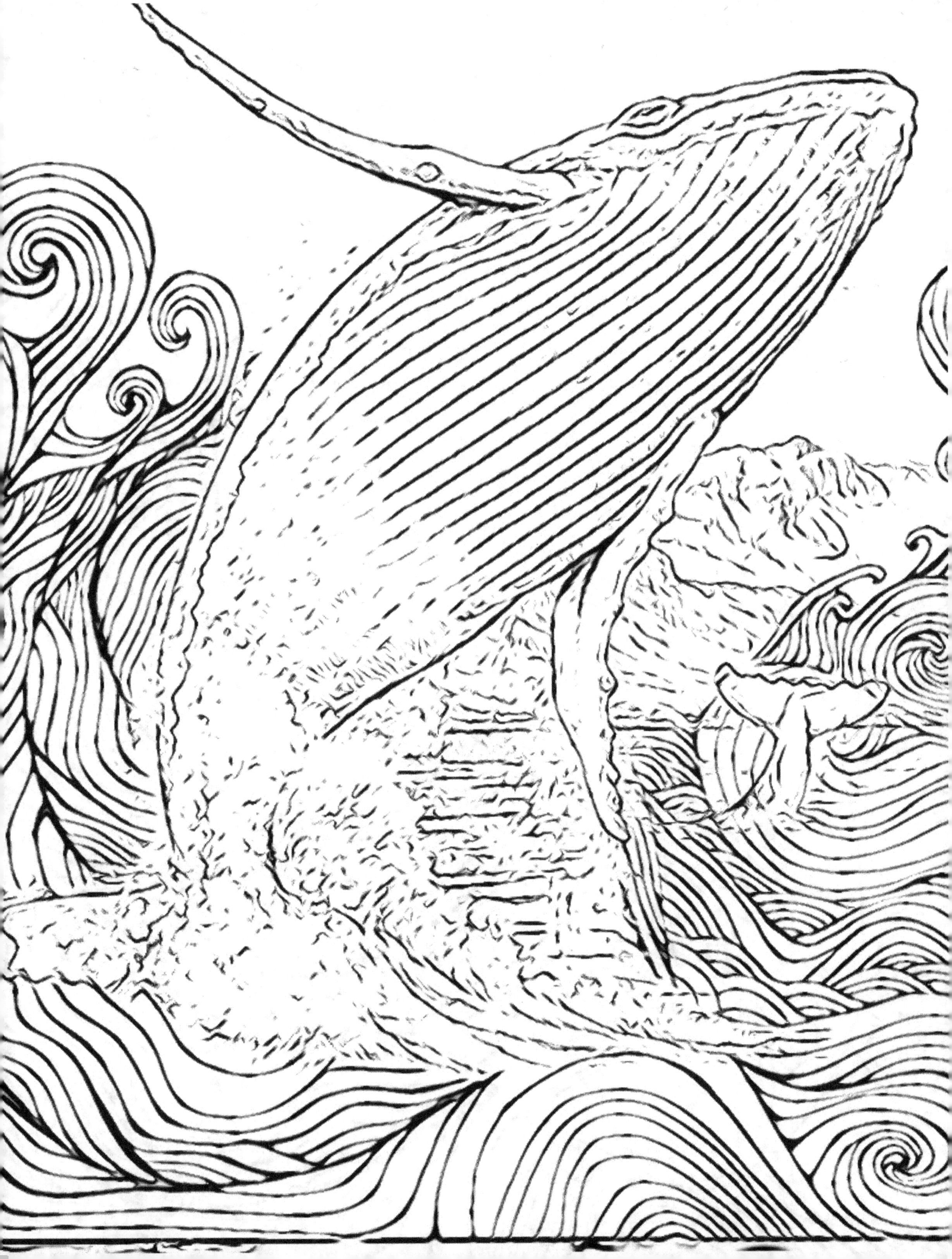

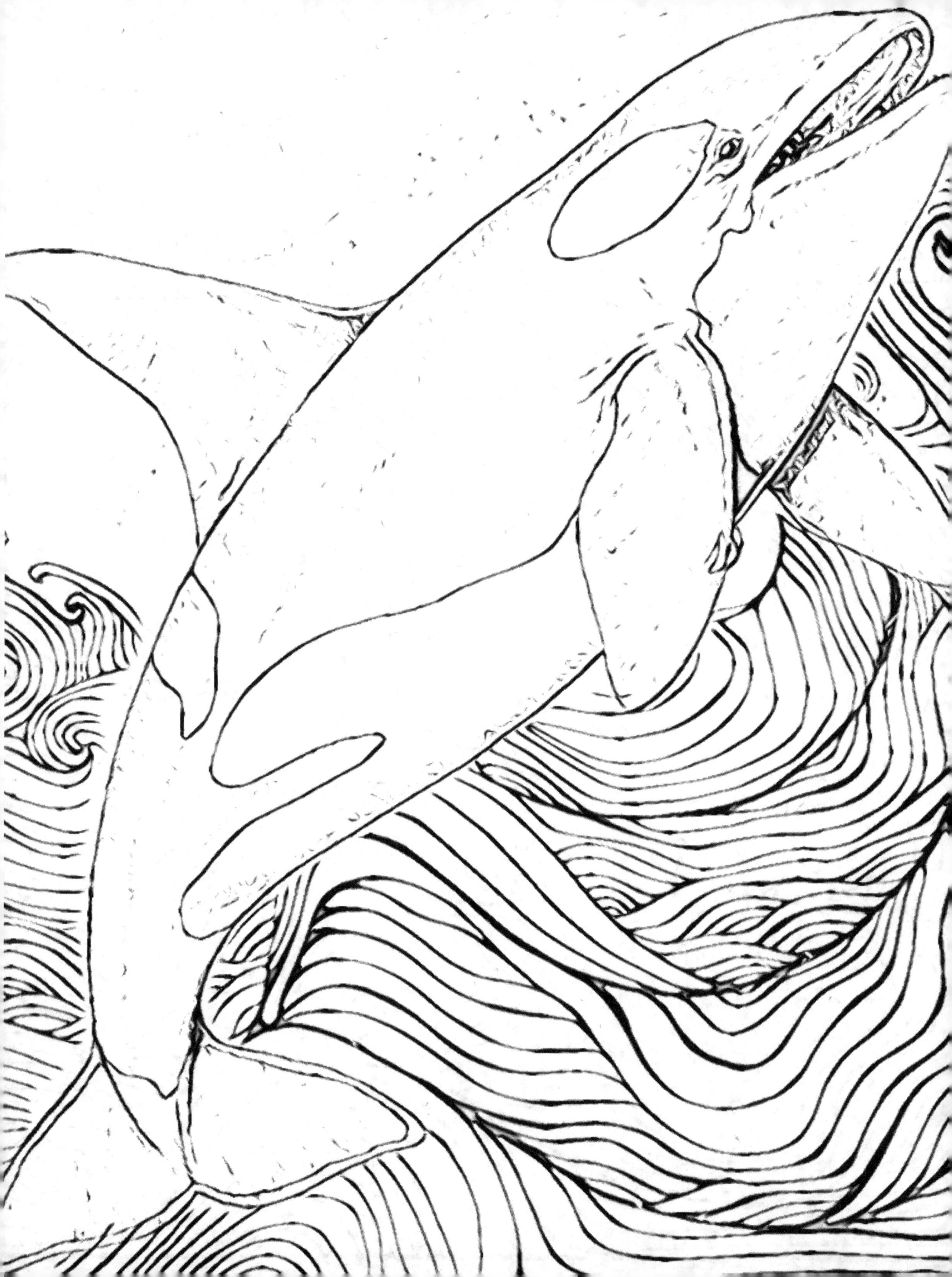

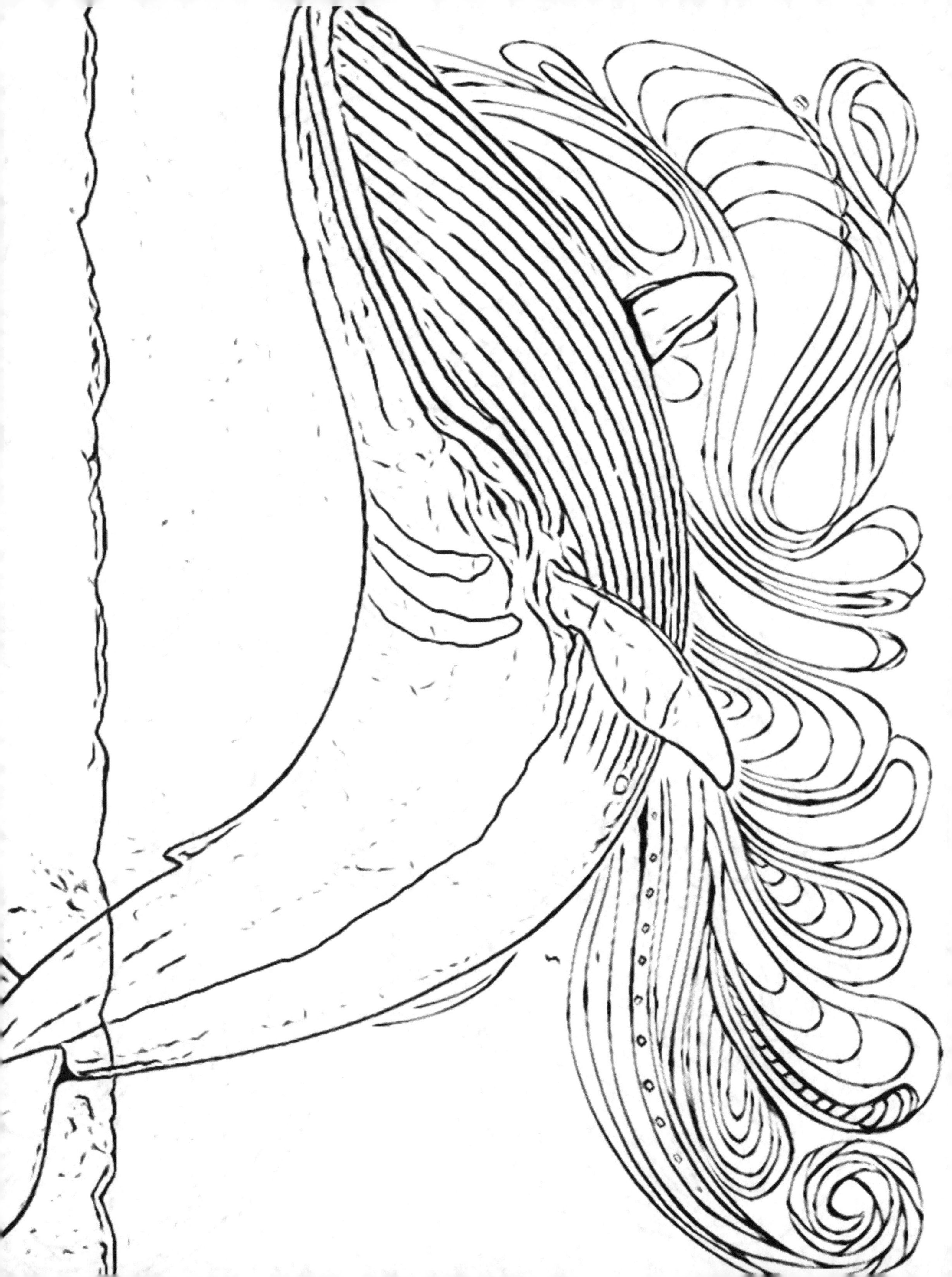

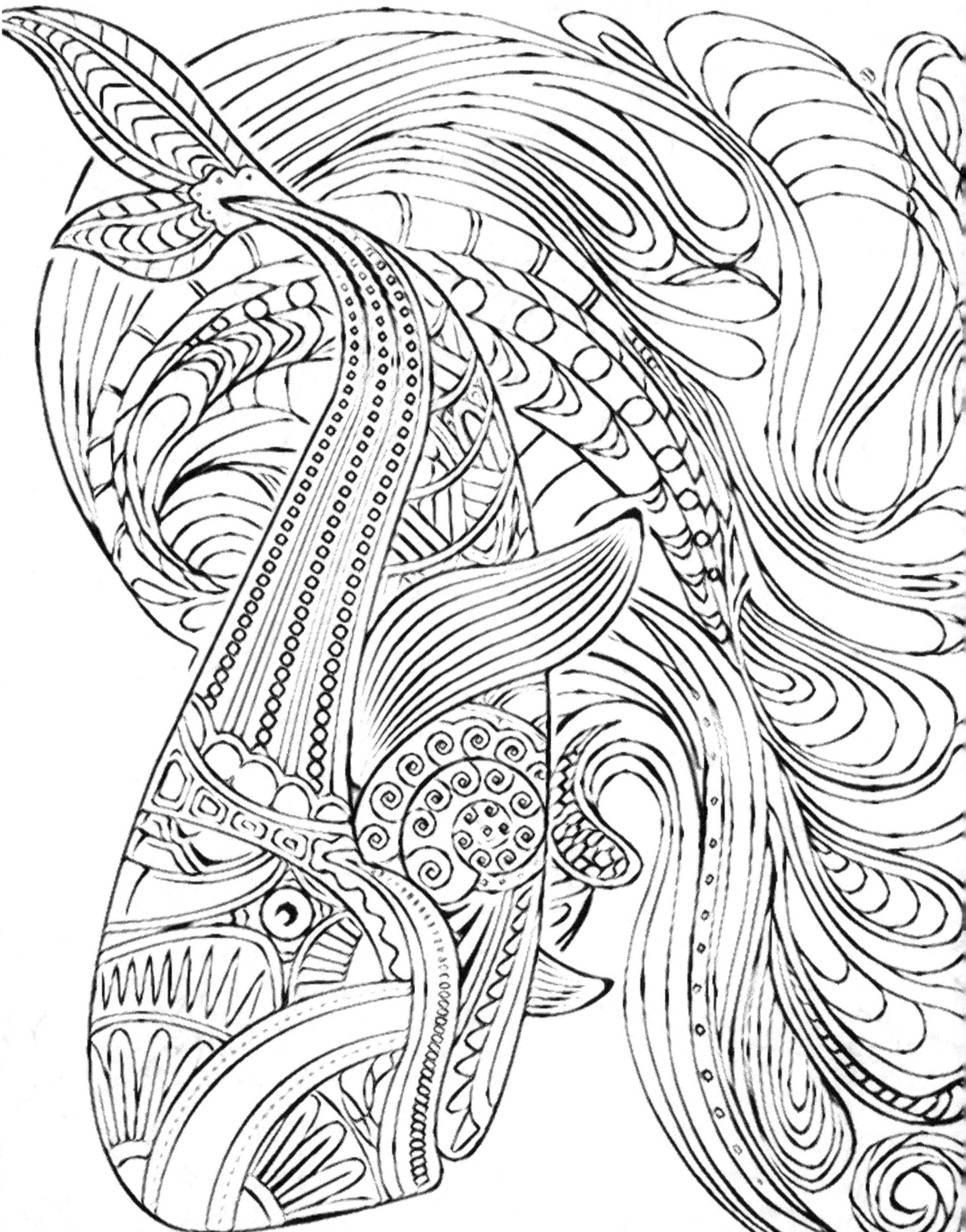

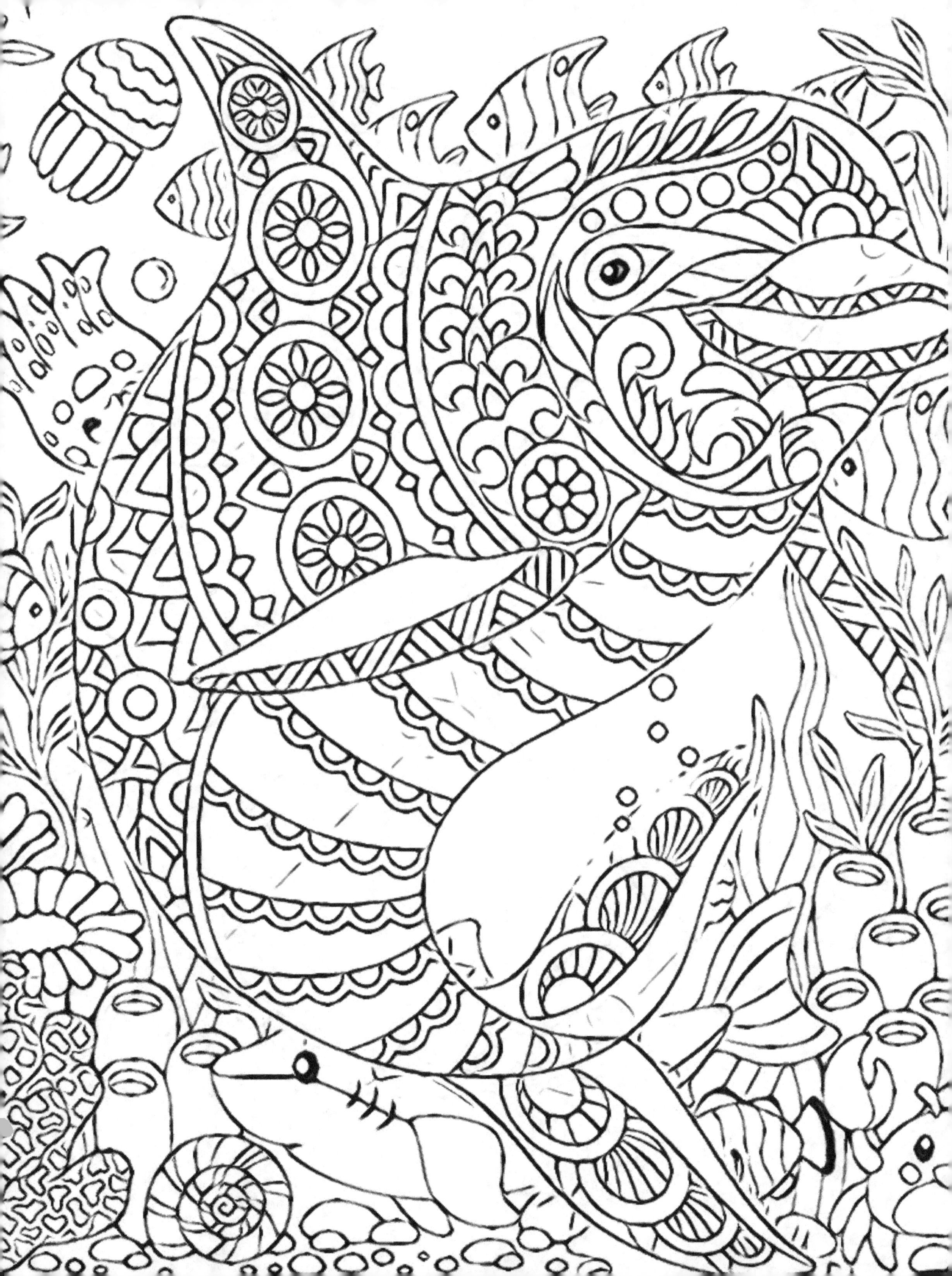

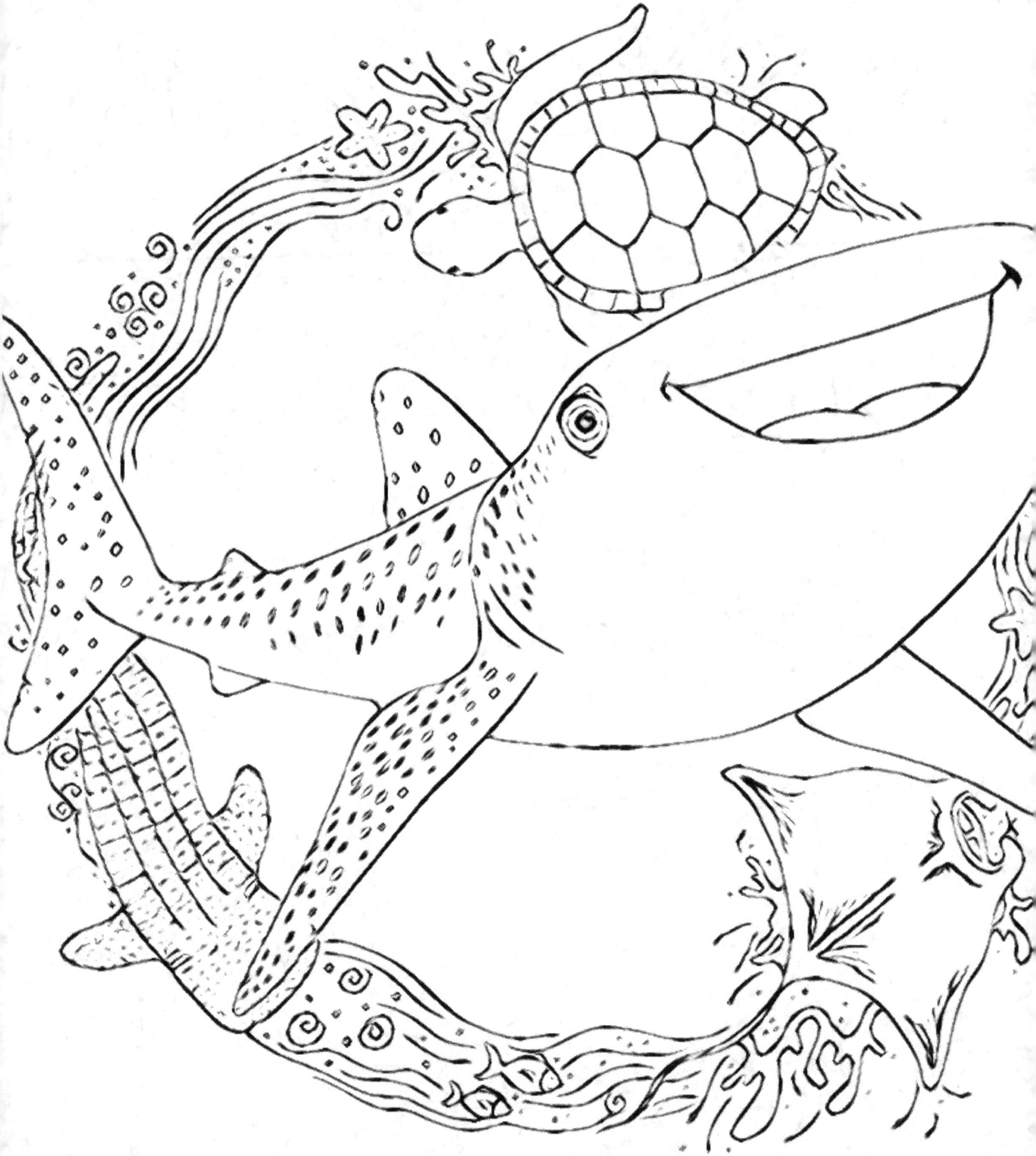

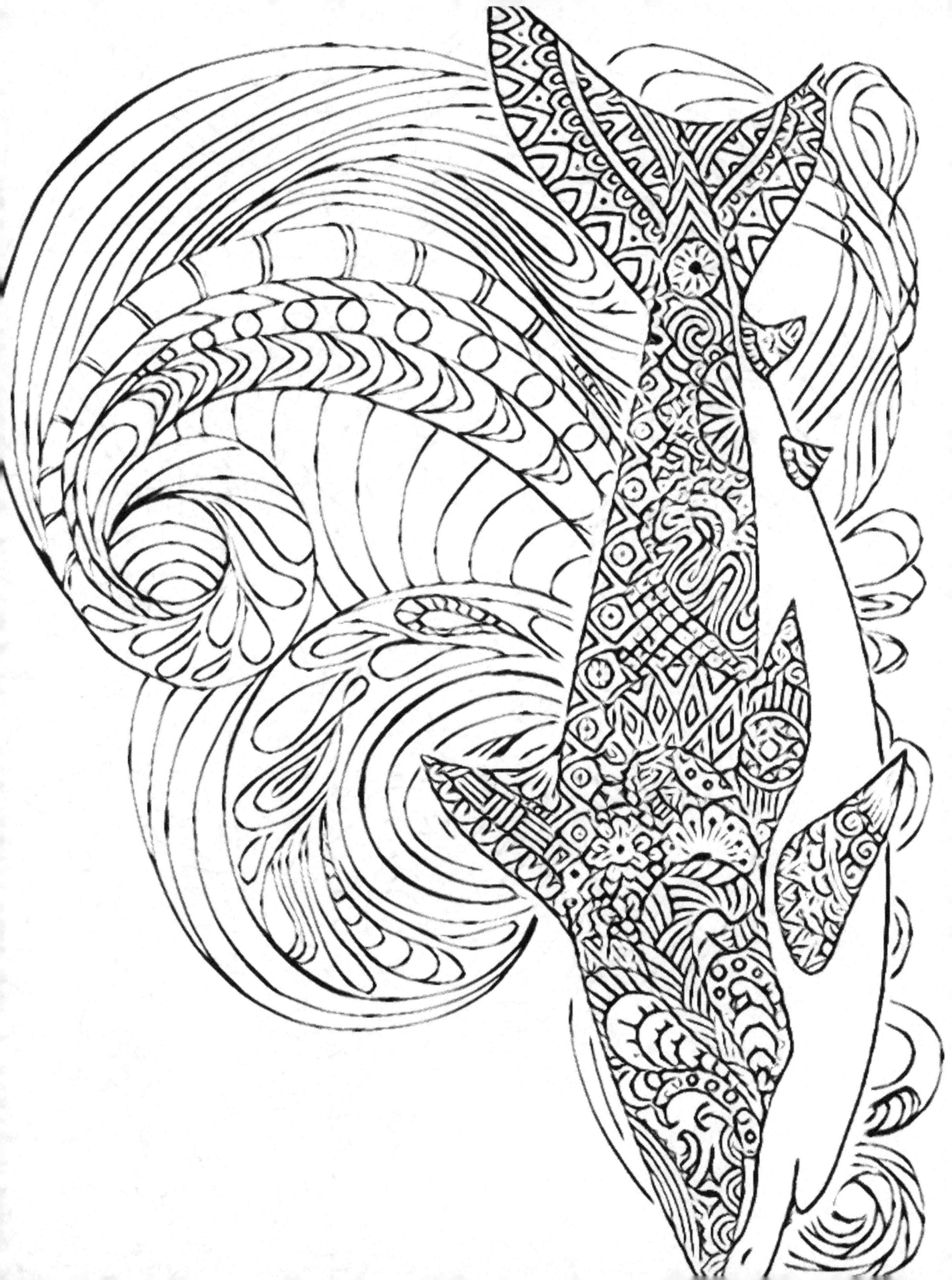

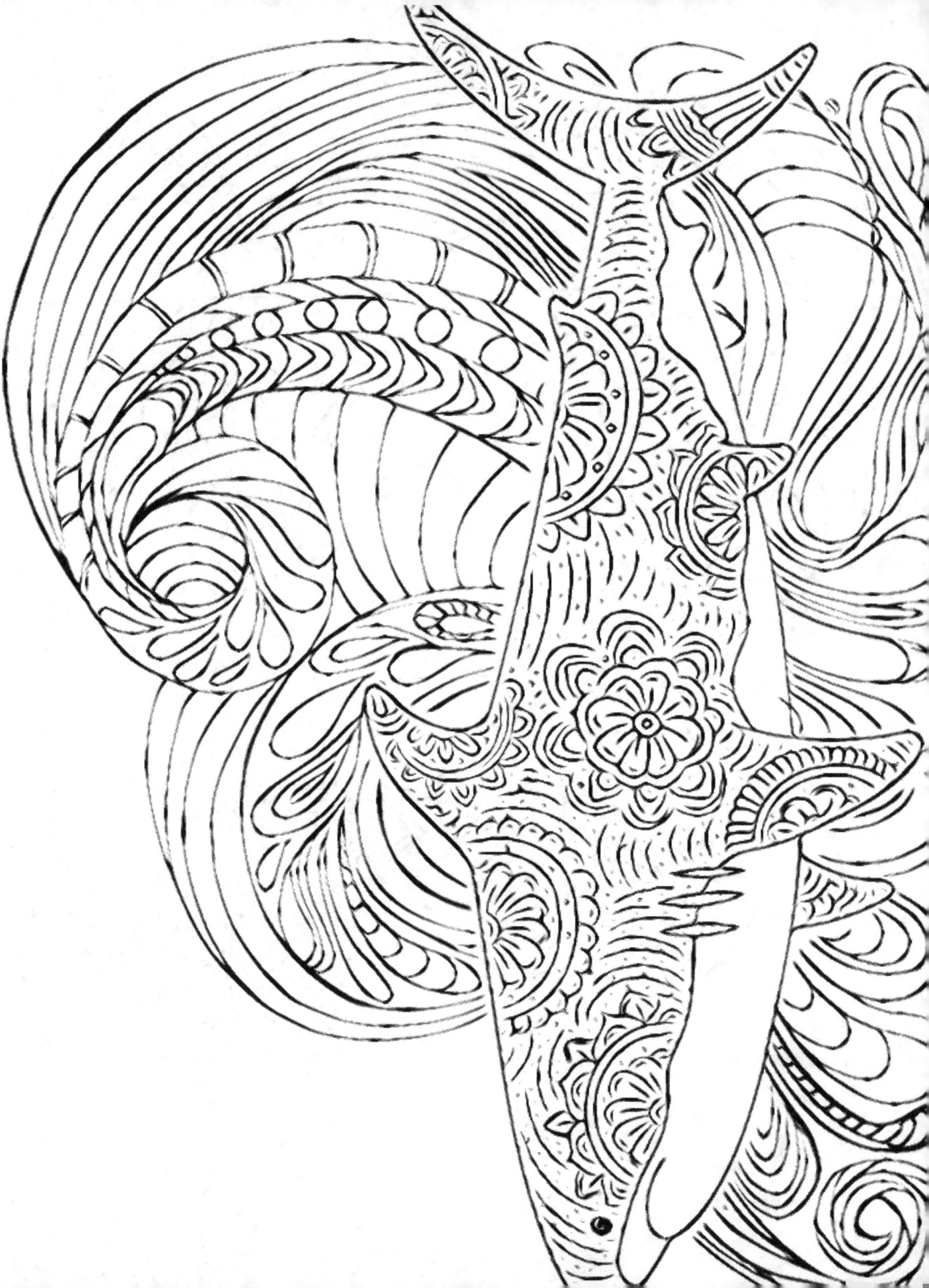

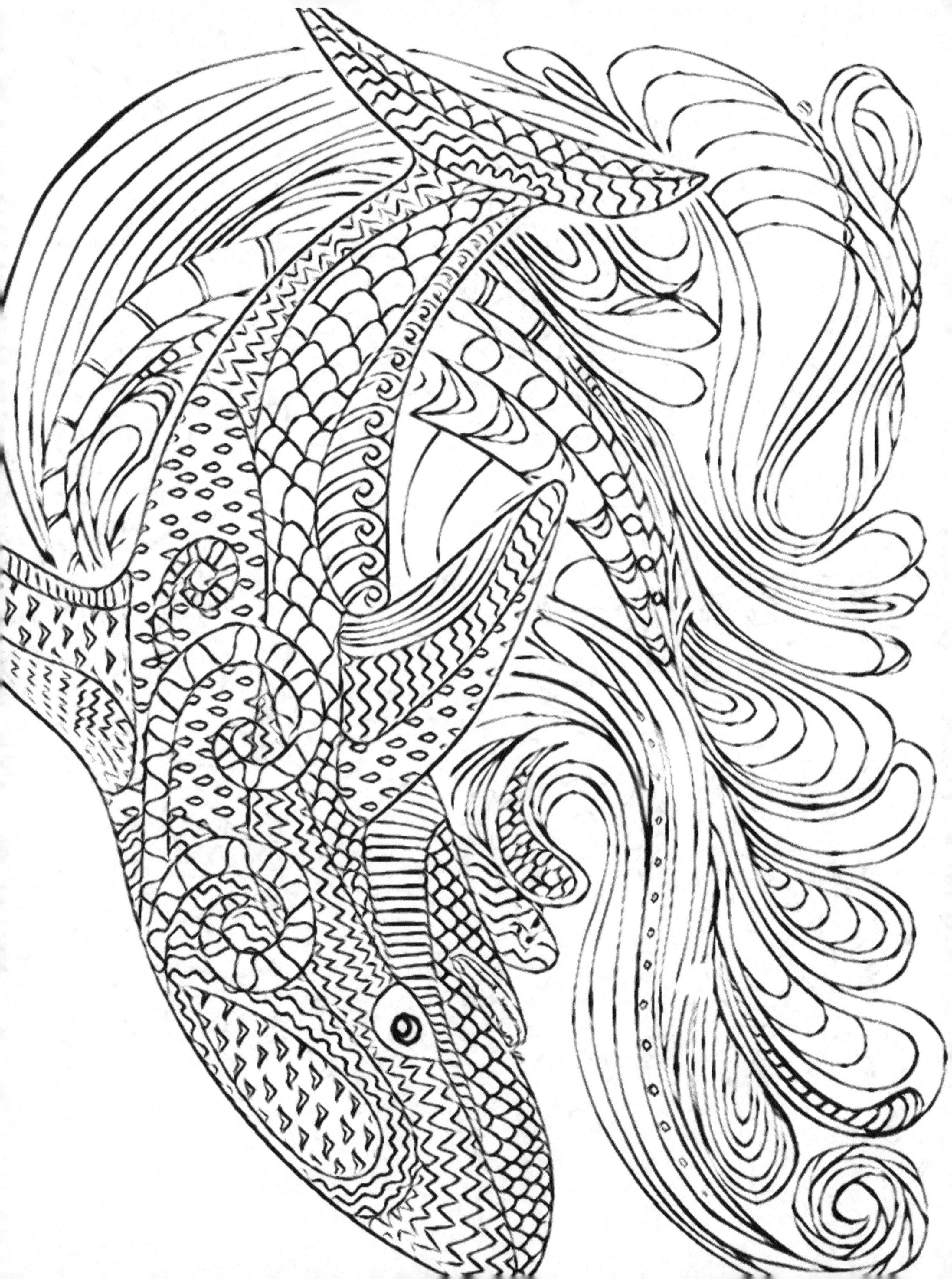

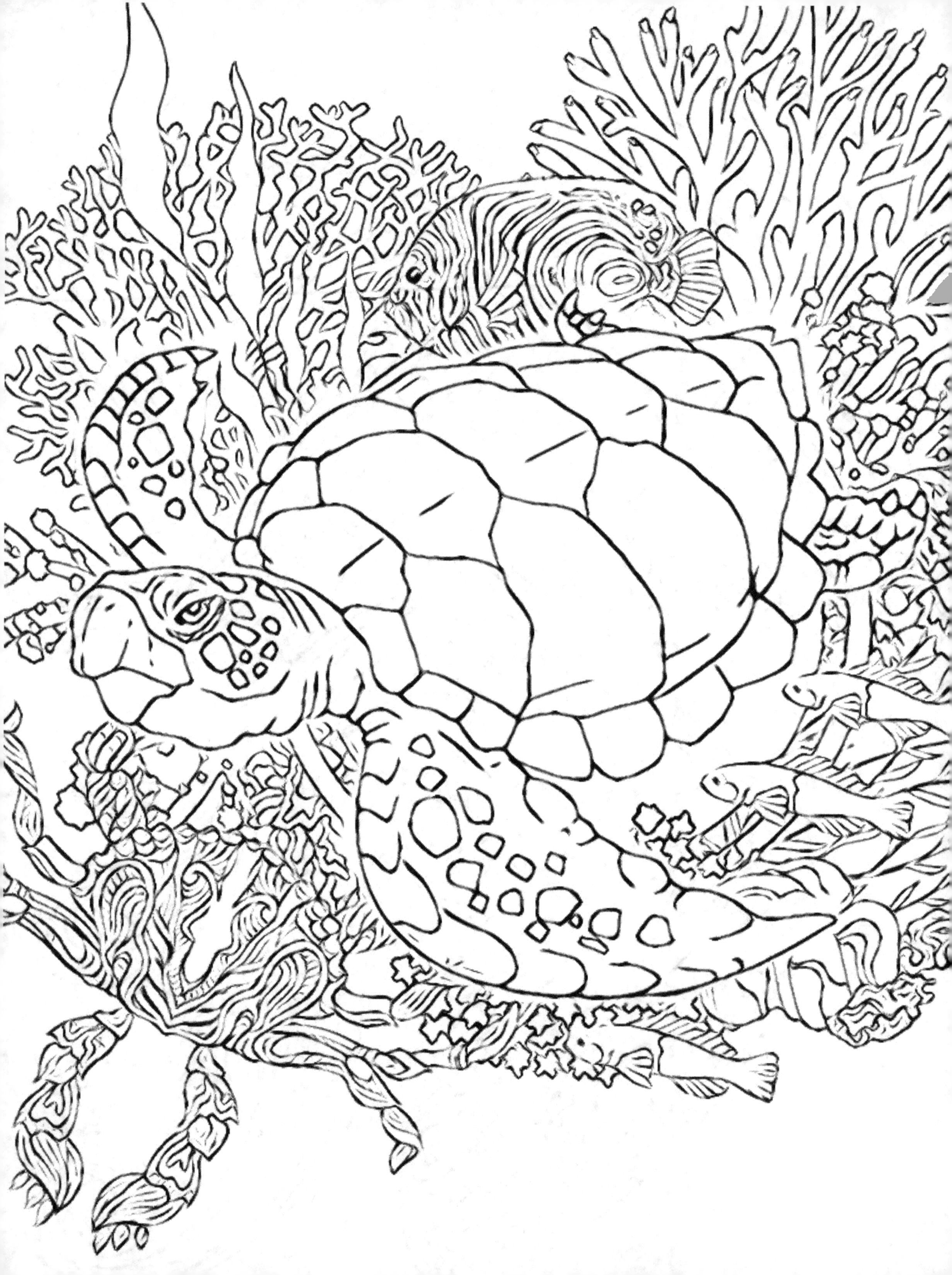

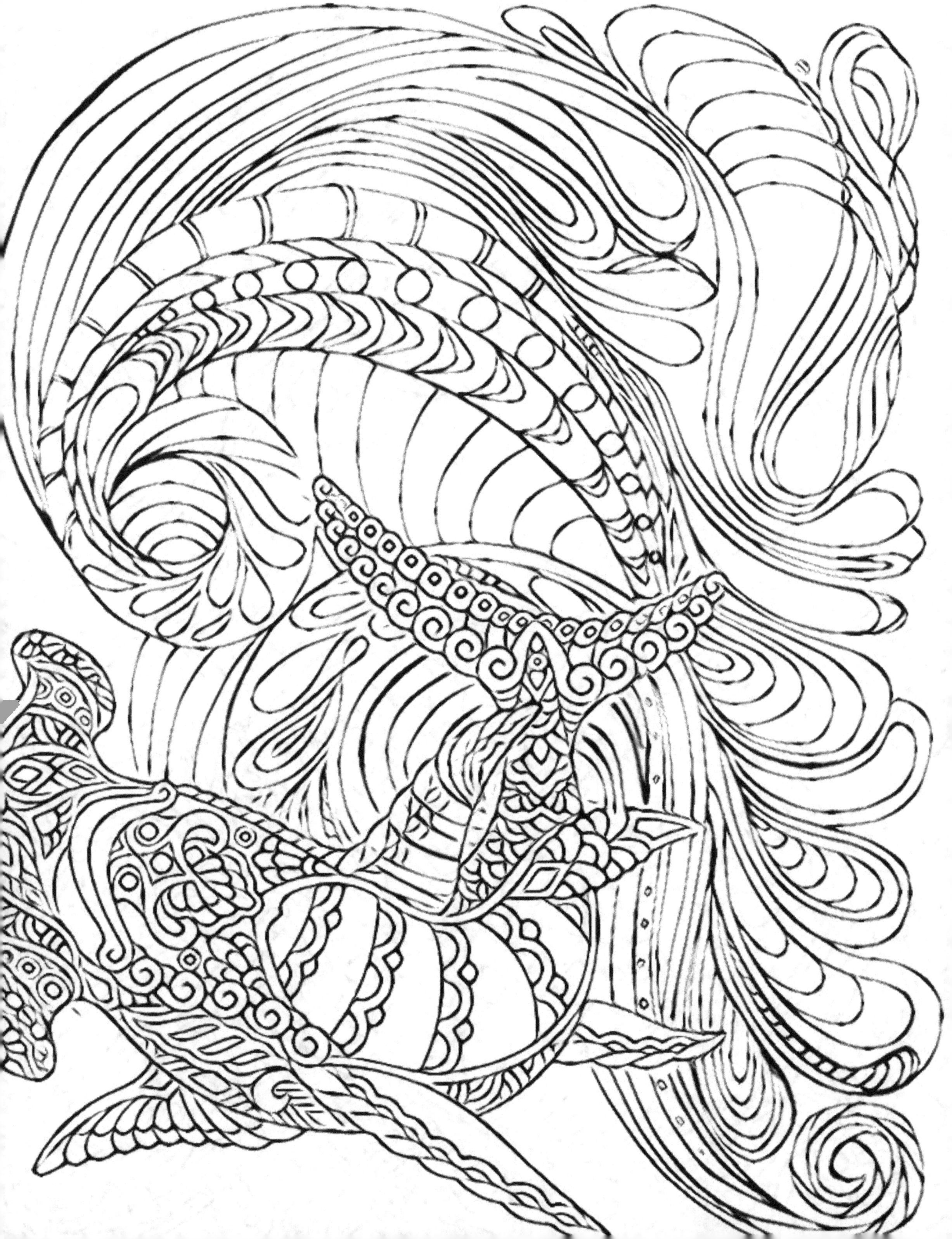

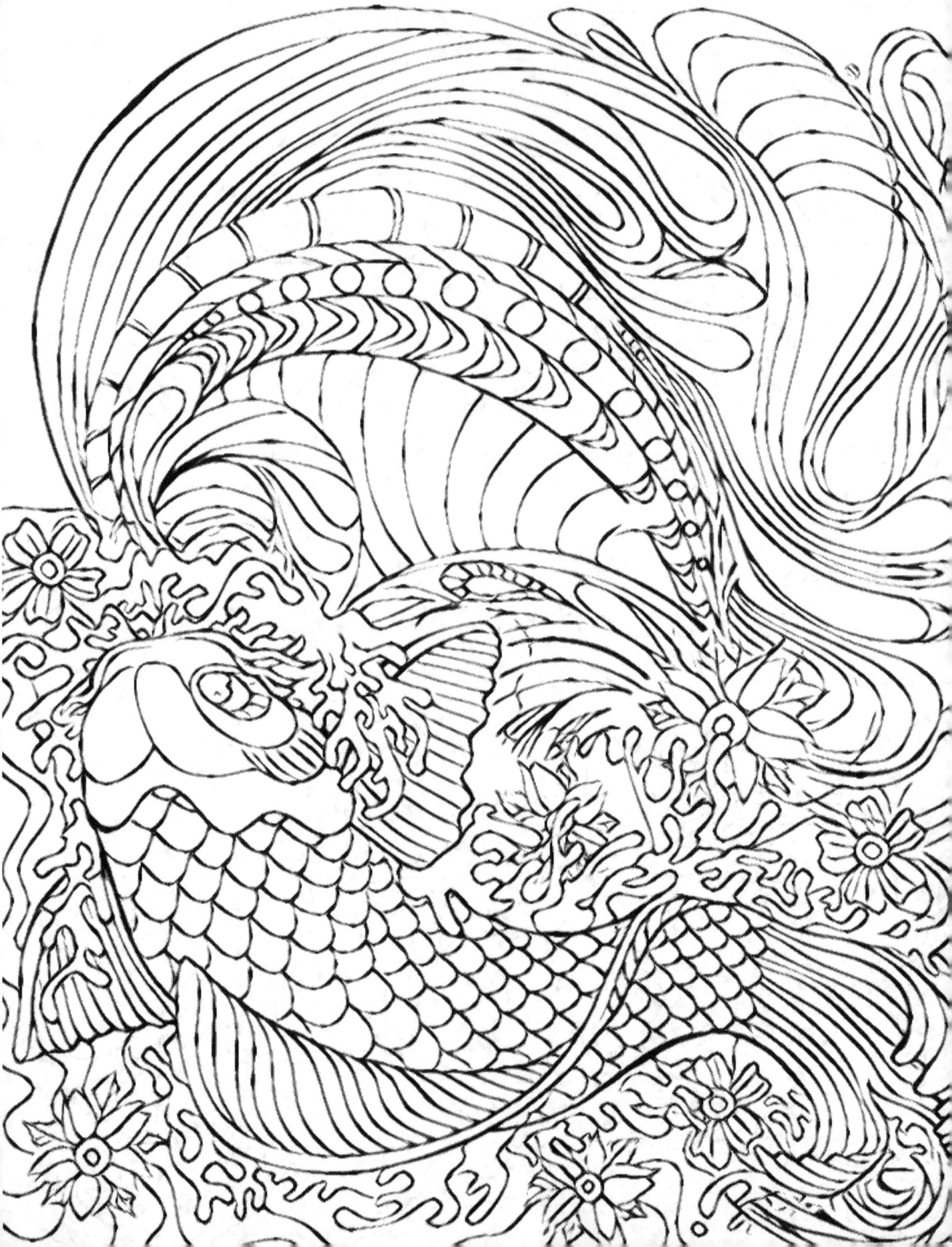

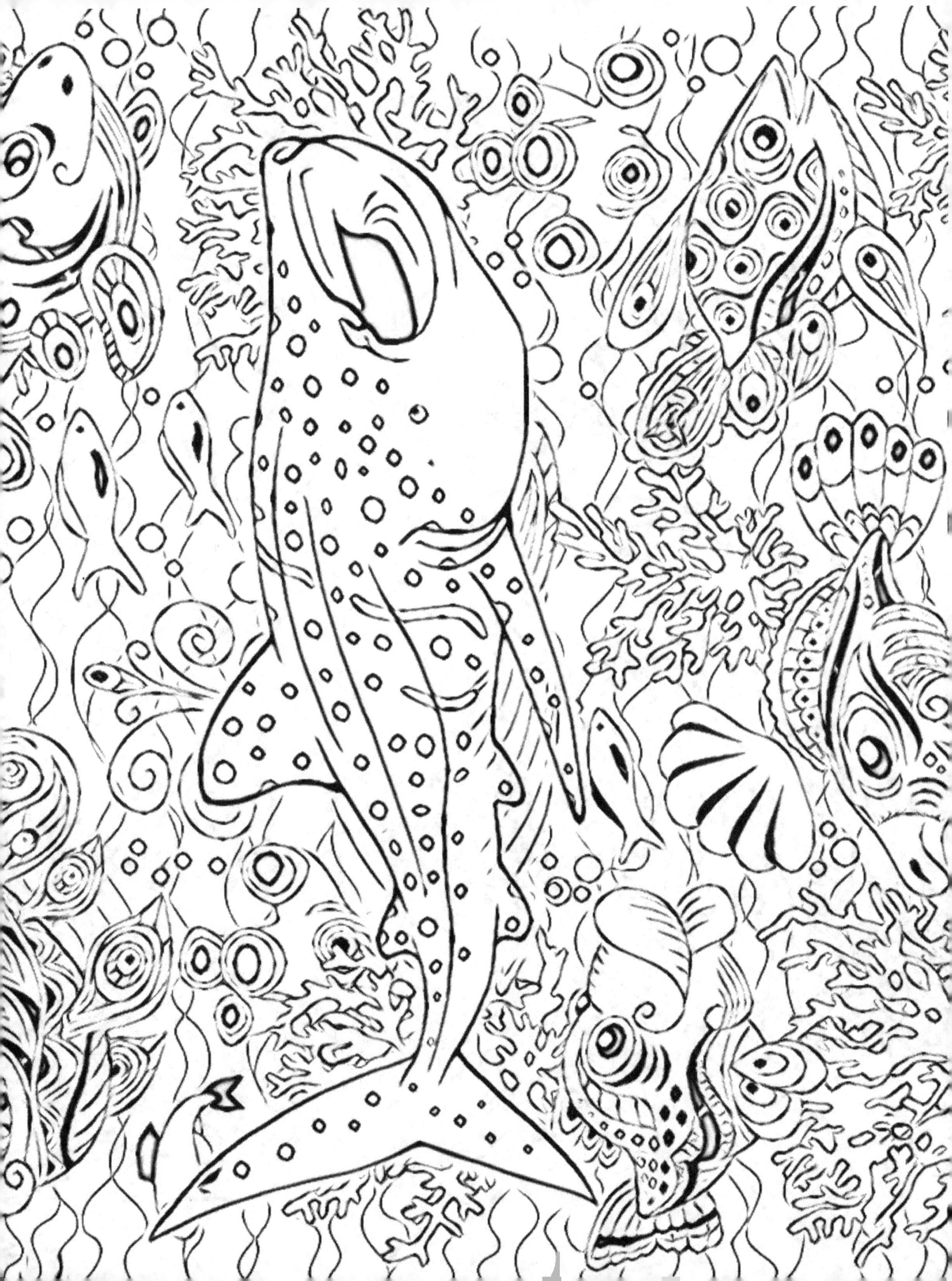

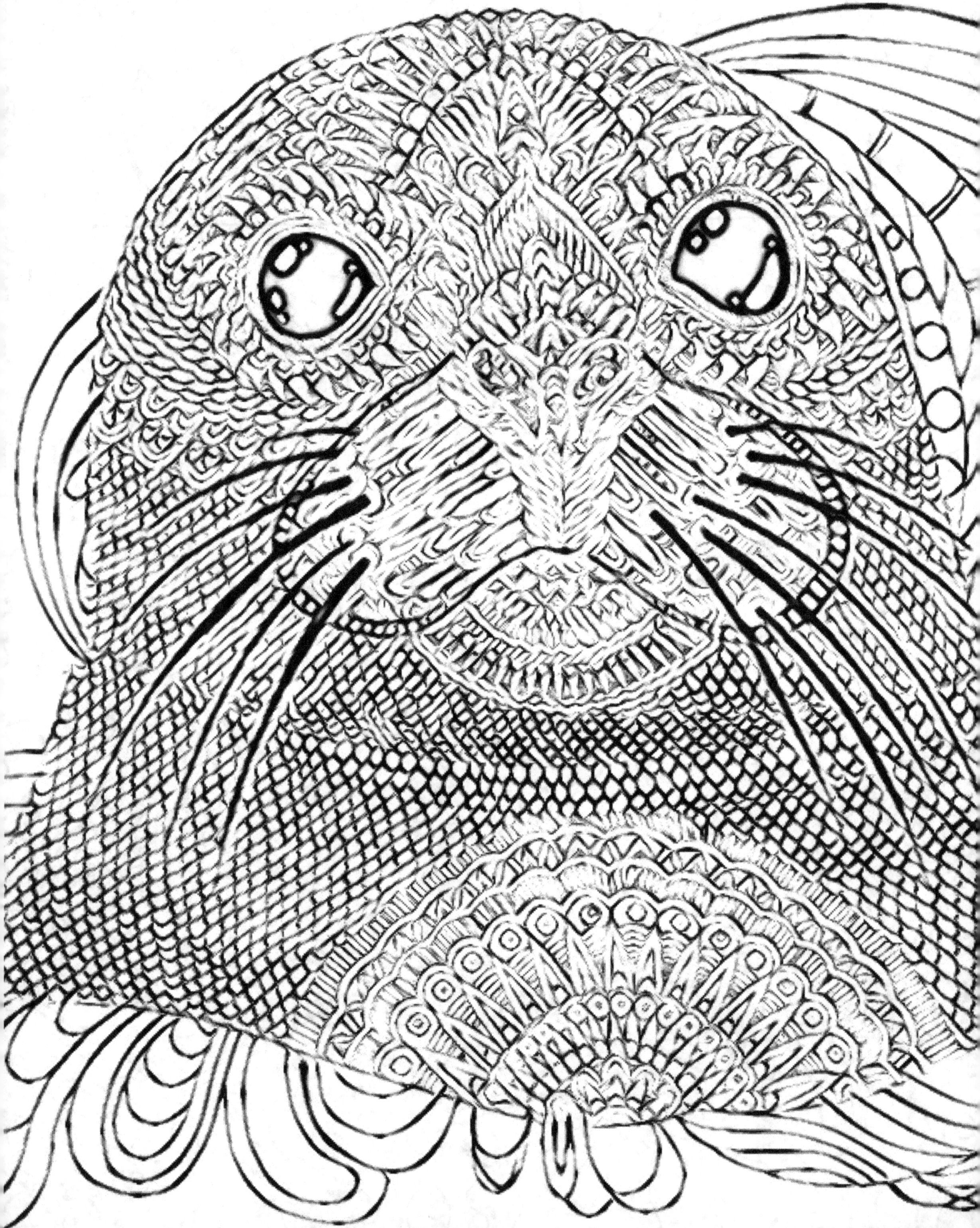

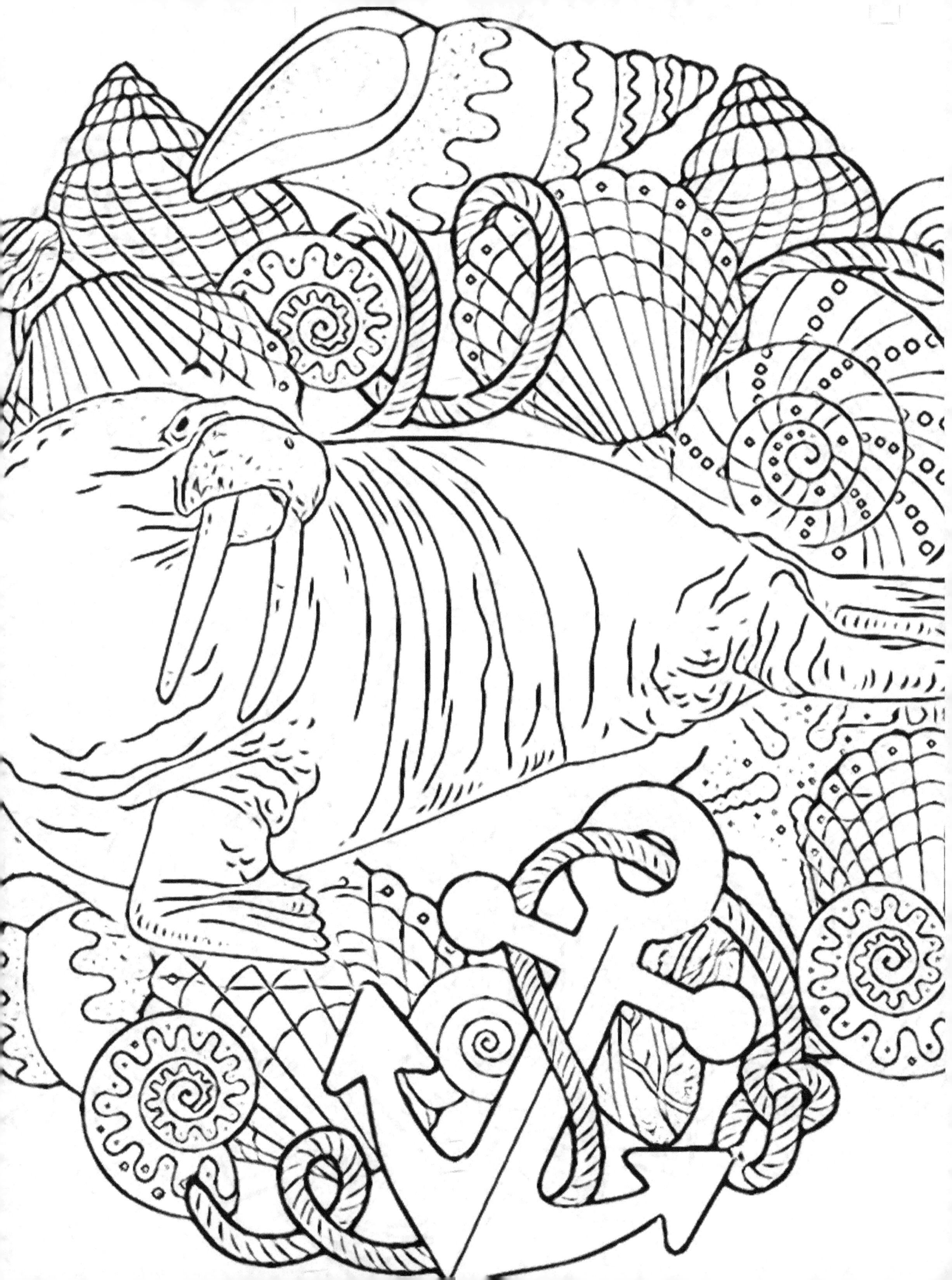

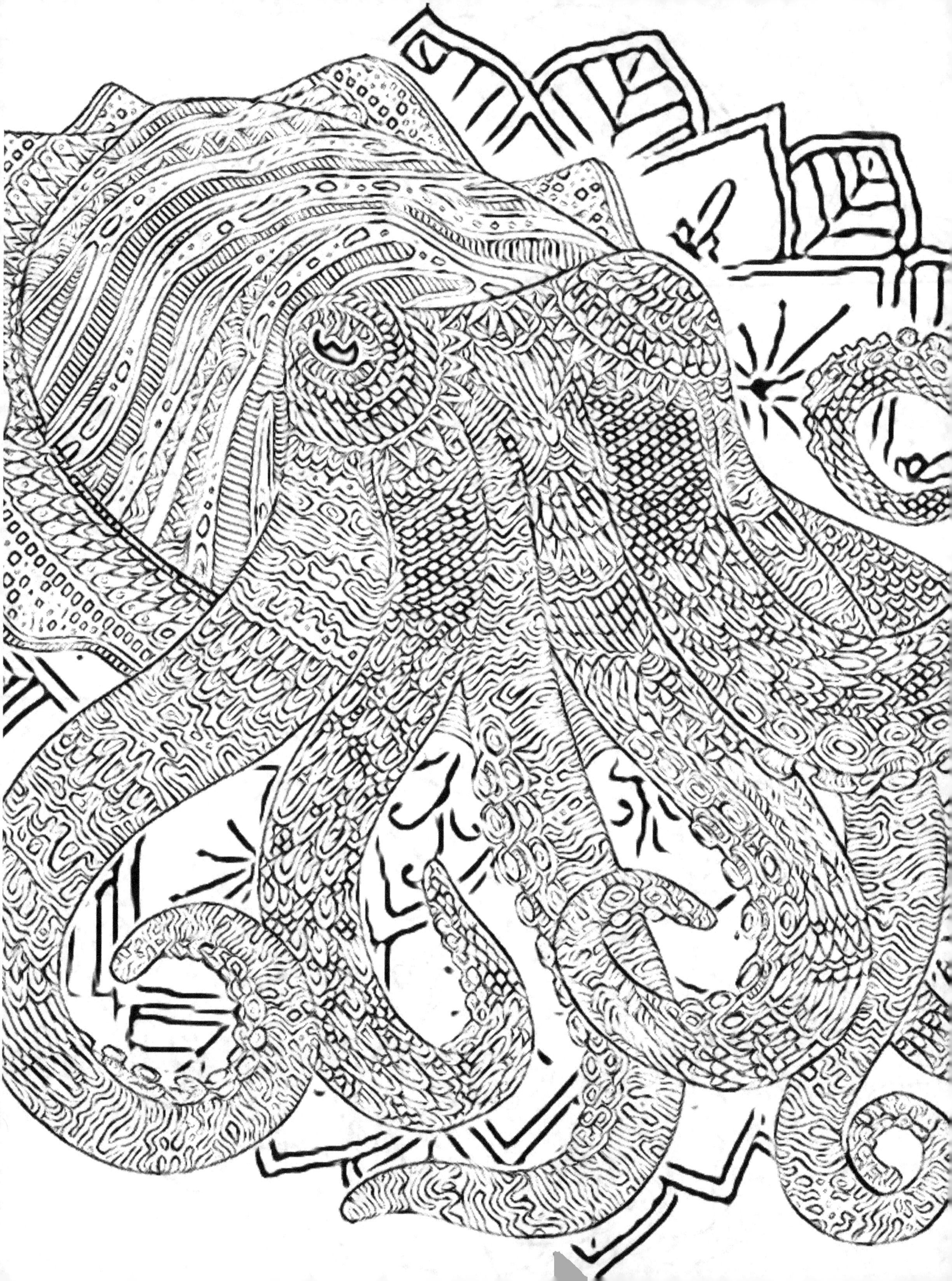

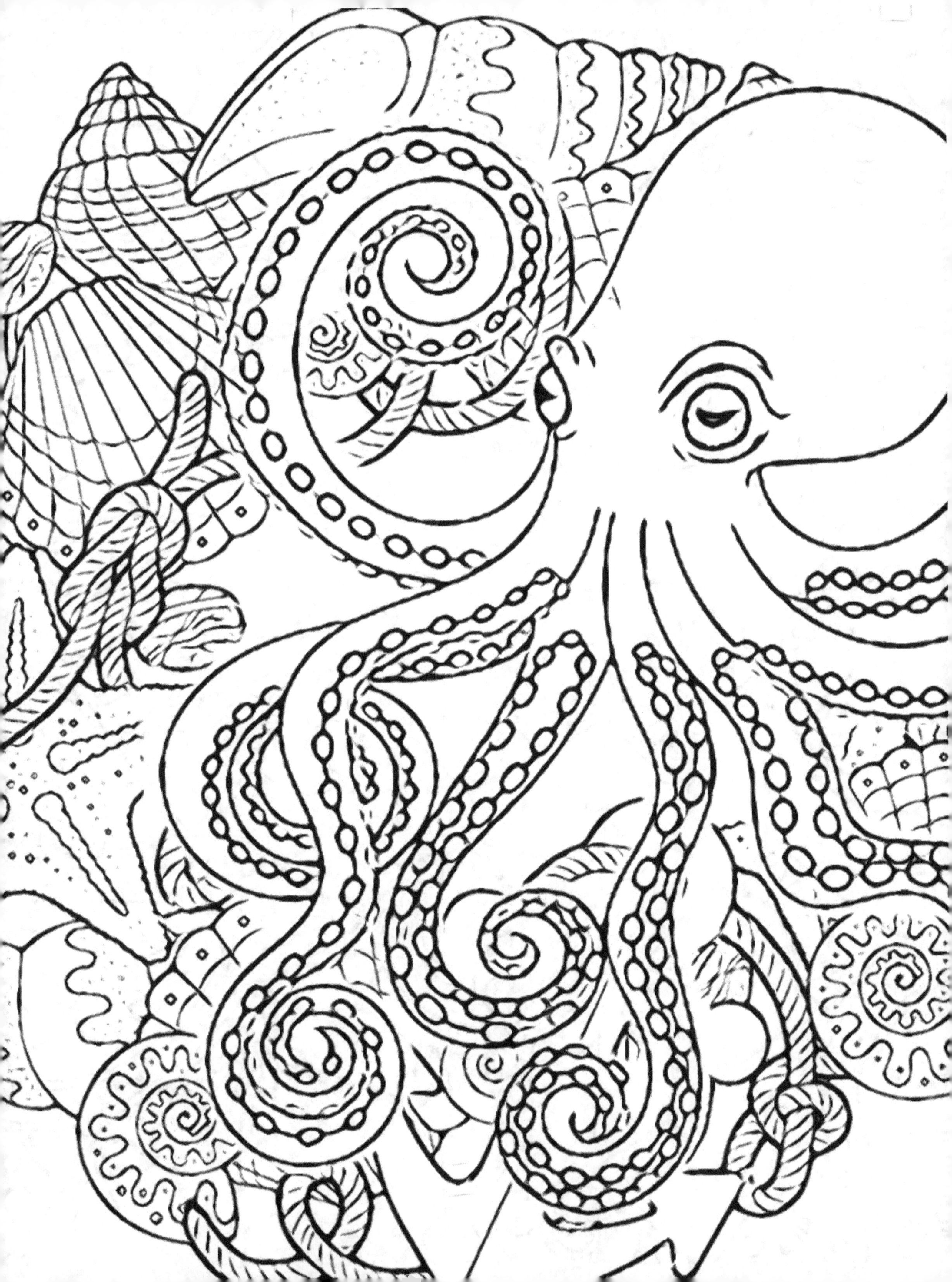

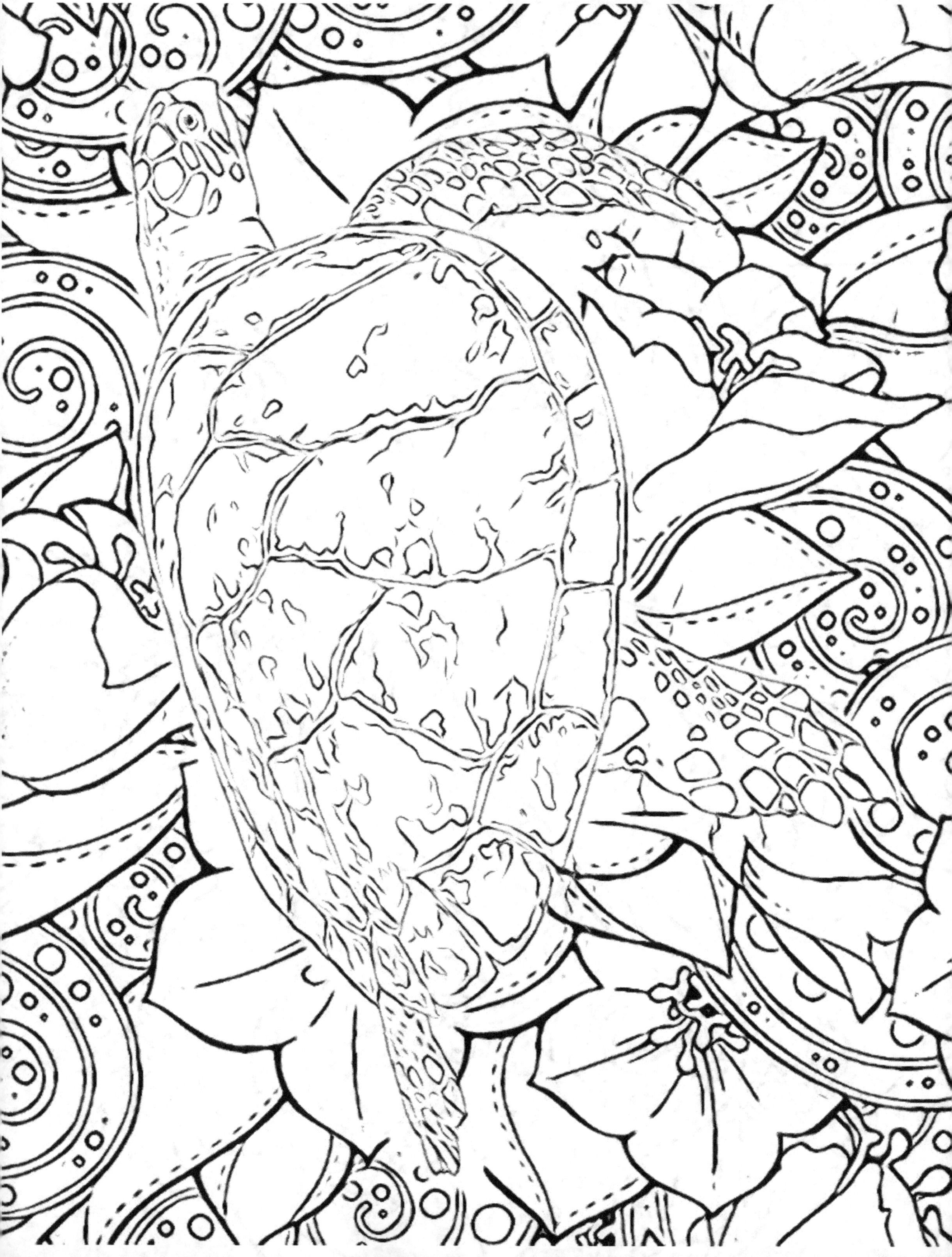

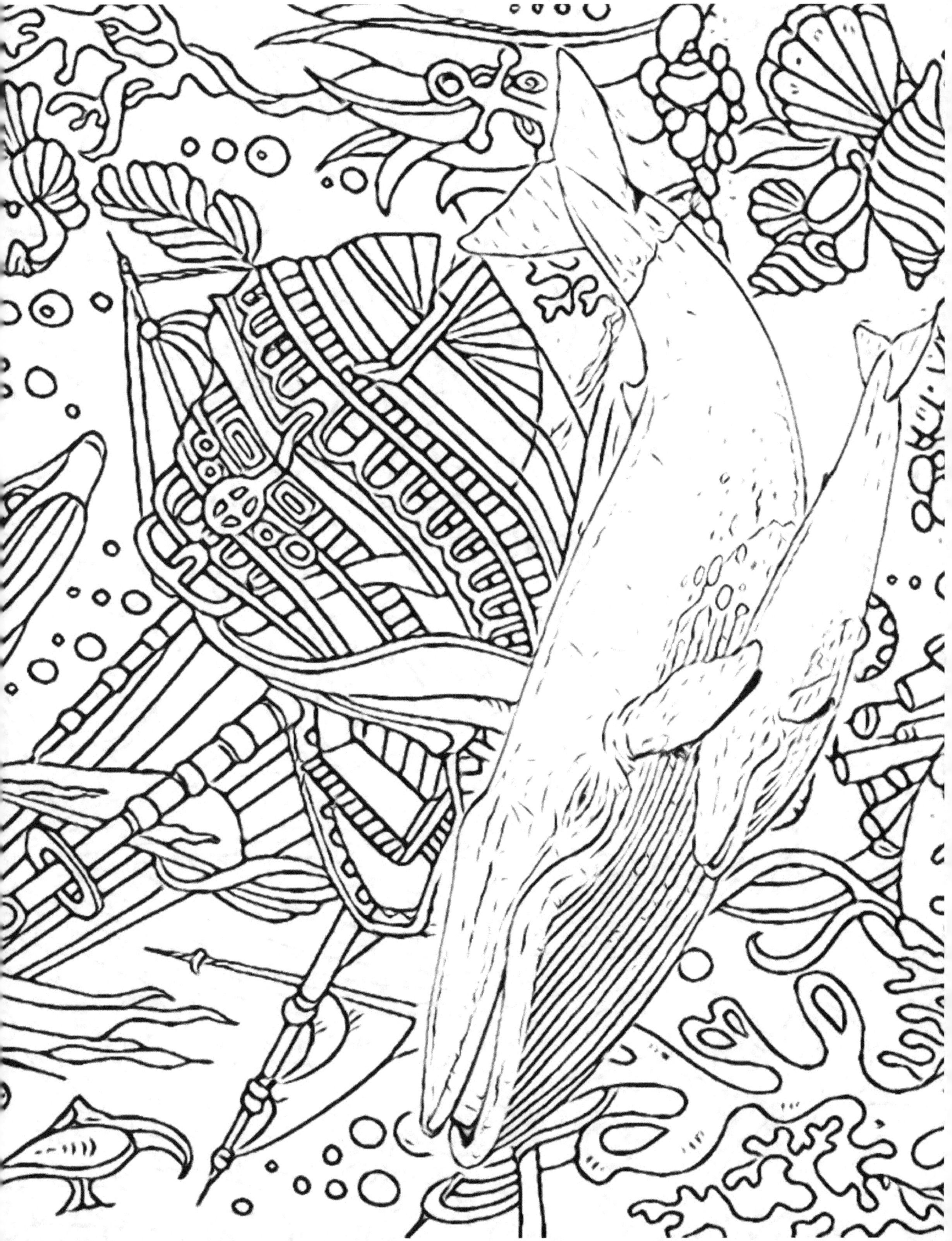

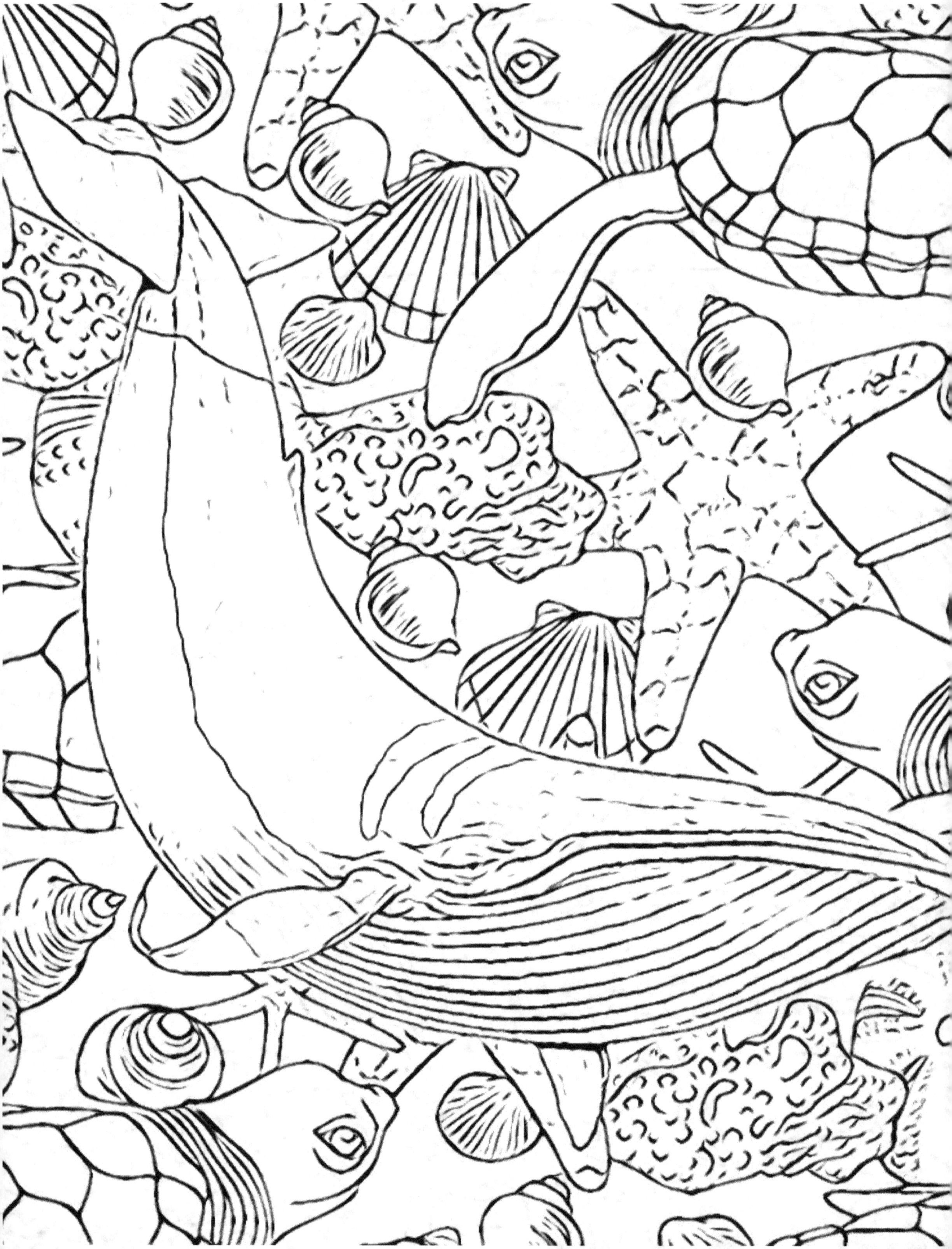

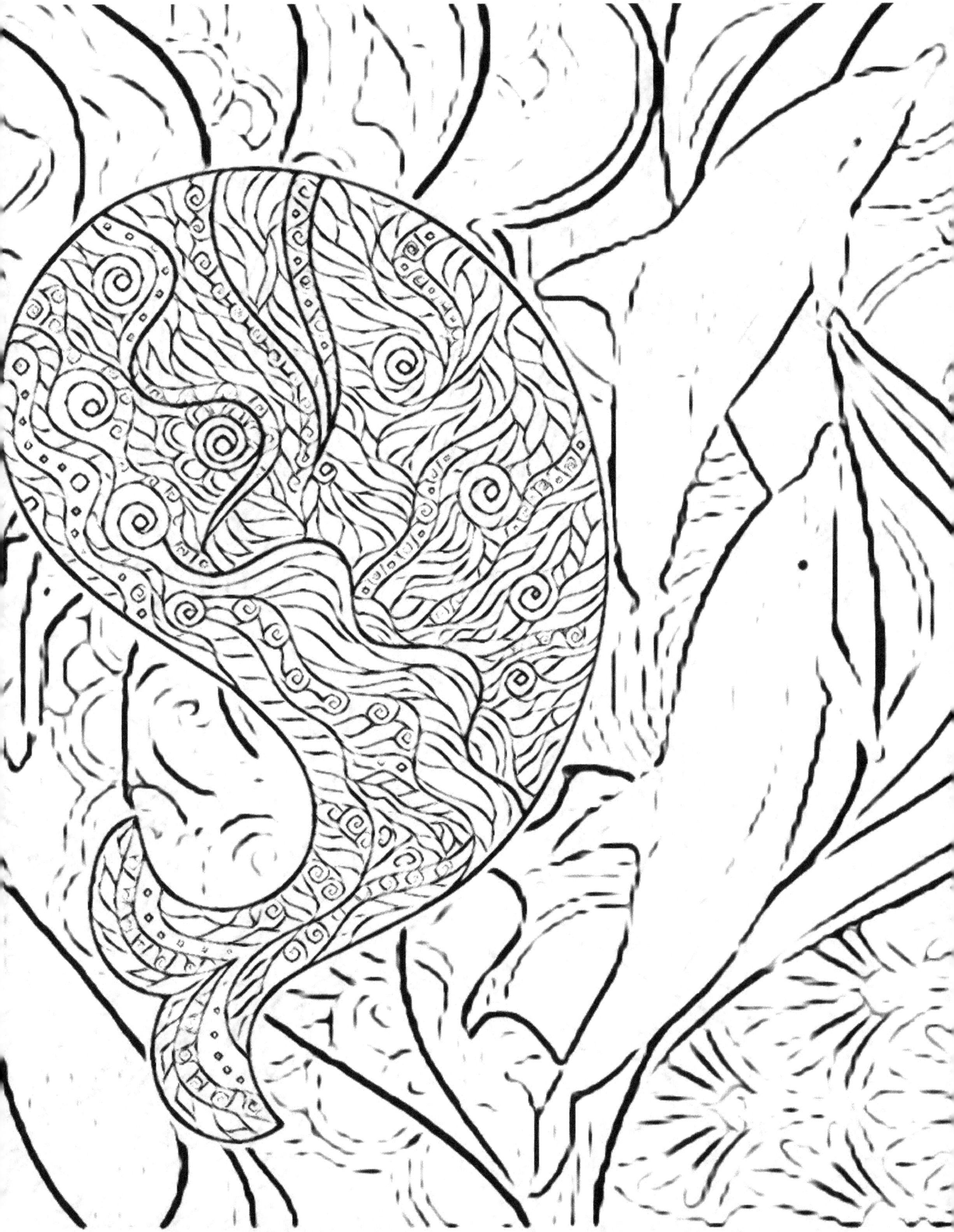

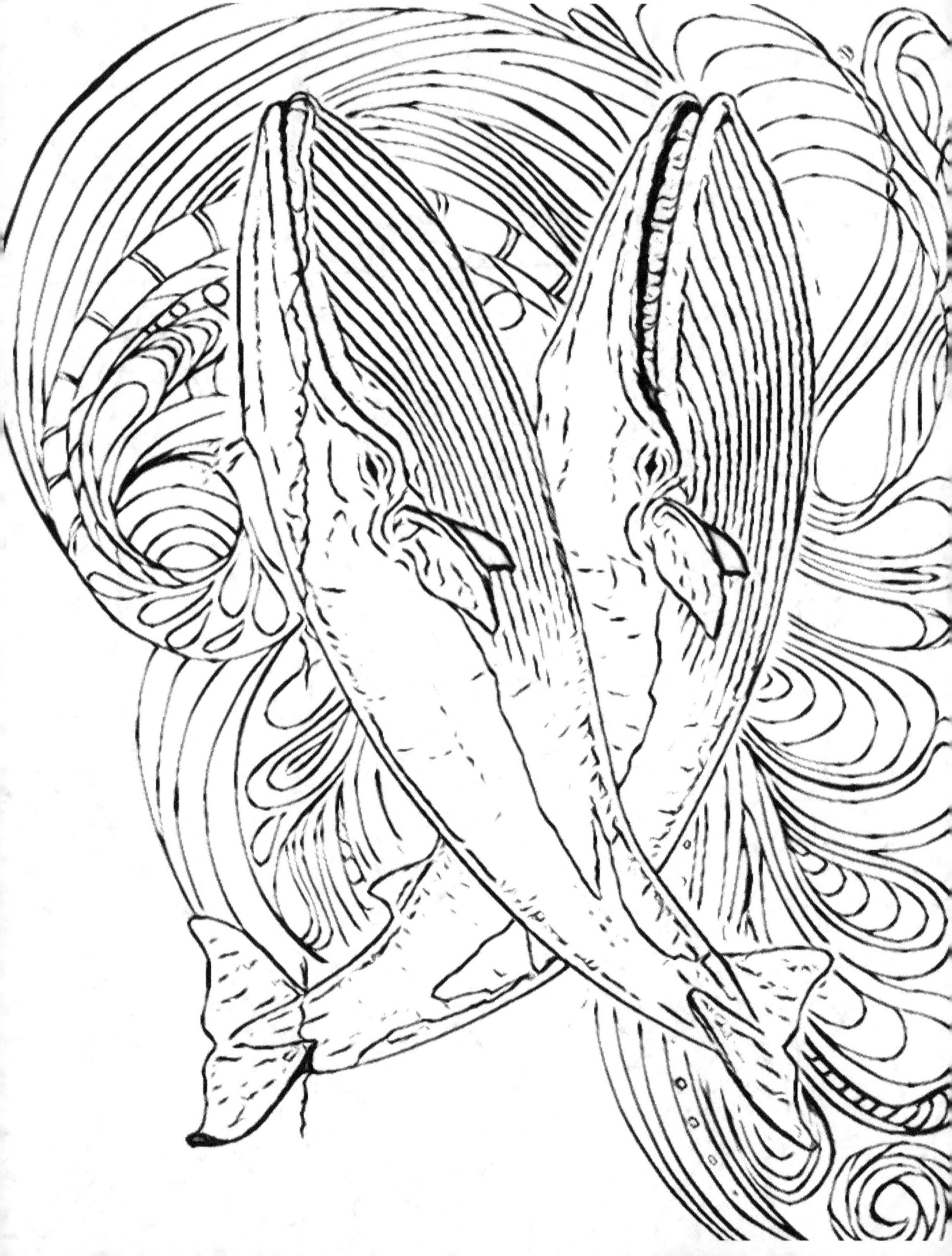

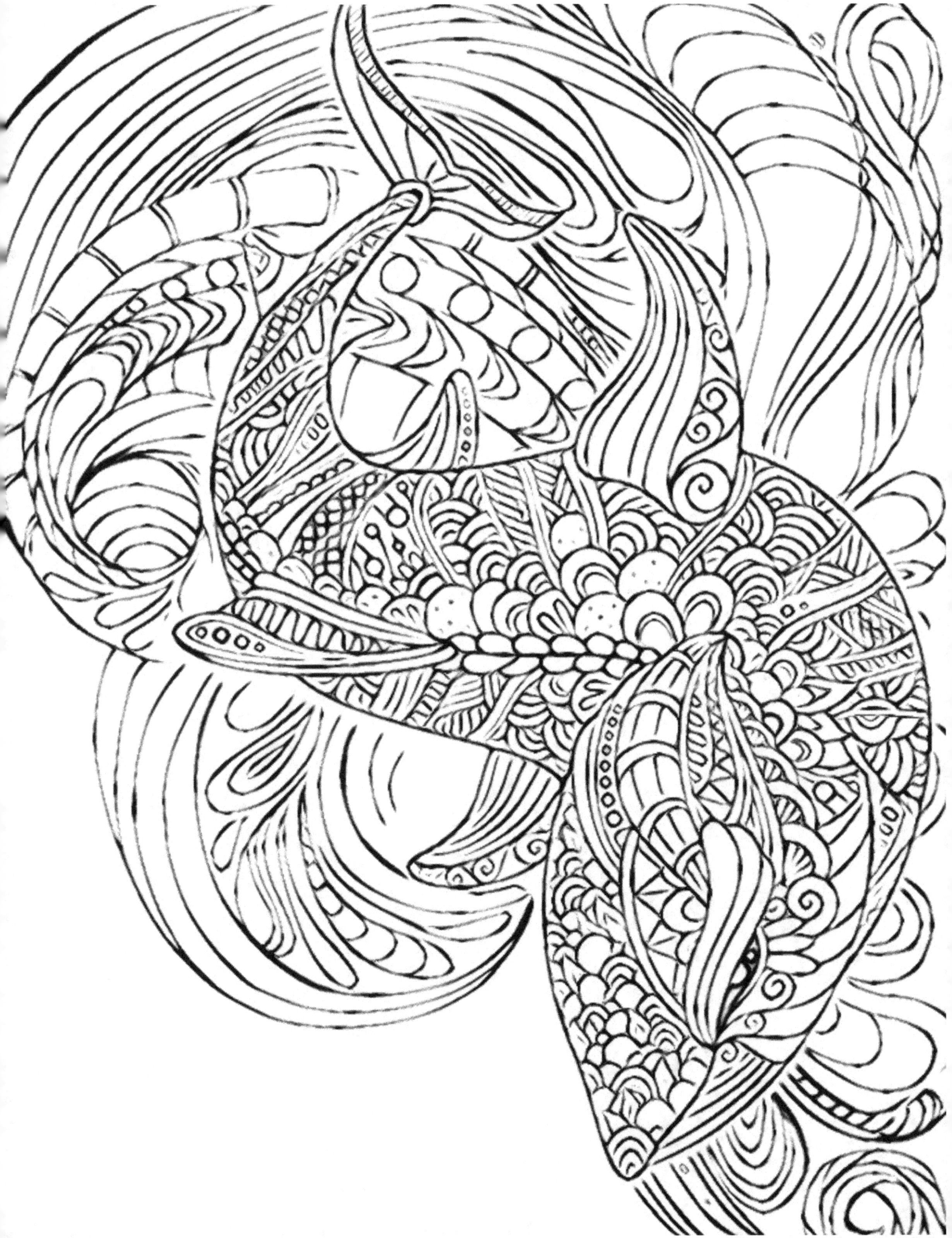

www.ingramcontent.com/pod-product-compliance
Lightning Source LLC
Chambersburg PA
CBHW081708220526
45466CB00009B/2916
* 9 7 8 1 6 7 8 1 0 8 5 0 2 *